Chic 嬉.生活 132

卡瓦納 × 冰島

卡瓦納　著

高寶書版集團

［前言］　前世的鄉愁

　　作家三毛年輕的時候無意間看到一張撒哈拉沙漠的照片「感受到前世的鄉愁」，決定毅然拋下一切、前往西屬撒哈拉定居，她在那裡和丈夫荷西結婚，在那裡體驗前所未有的生活，她將撒哈拉沙漠的生活紀錄寫成文章，和大家分享沙漠中的喜怒哀樂、悲歡離合。文章在臺灣發表後轟動全國，大作家三毛於焉誕生，從此「沙漠」和「三毛」幾乎連結在一起，想到三毛就會想起那片廣闊無邊的撒哈拉沙漠。從前我不懂這句「感受到前世的鄉愁」是什麼意思？直到我與冰島的相會的那一日。

　　過往對於冰島的印象除了是個「遠得要命的國家」之外，就是 2008 年冰島因為金融危機而破產的新聞了。會開始想前往冰島旅遊，則是在旅遊論壇「背包客棧」上看到的一句話：「我在旅行時遇到一對遊遍歐洲的外國夫妻，他們說在歐洲旅遊時一定要把『冰島』放在最後一個國家，因為和冰島相比，其他國家都會相形遜色。」我看到這句話時非常驚訝，心裡想著「這個國家真的有那麼厲害嗎？」也開始興起了前往冰島念頭。

　　而讓我下定決心前往冰島的最後一根稻草，則是 2013 年班・史提勒自導自演的《白日夢冒險王》（The Secret Life of Walter Mitty）。在這部探討人生哲學、攝影觀念的勵志喜劇中過半的場景都是在冰島拍攝的，讓看過電影、深受感動的我有了一定要前往的冰島的決心。

　　在 2015 年的夏季，我第一次前往冰島，發現冰島比我想像中的更美更燦爛，才剛到冰島不久居然就有了想再去的念頭。　而在冰島北部大城阿克

雷里遊客中心外看到的藍冰洞海報後心裡想著「這世界上居然有這麼美麗、這麼不可思議的地方」。因為藍冰洞、也因為想看看冰島冬季時漫天飛舞的極光，2017 年的冬季我再度踏上冰島的土地，如願看到了藍冰洞和極光美景。還記得那日進入藍冰洞，看到奇幻不似人間的美景，當天晚上又在冰河湖看到極光大爆發，佈滿天空的極光整整飛舞了四個多小時，幾乎讓我的眼睛閃瞎了。而這趟旅行的遺憾西峽灣、飛機殘骸等景點讓我再度招集了人馬、訂好了機票在 2018 年二月分再度前往冰島……三年去了三次冰島，以非旅遊相關業者的旅人來說，這紀錄真的是夠狂的了！

有人說冰島的峽灣不如挪威、冰川不如阿根廷、火山不如夏威夷、間歇泉不如美國黃石公園、極光比不上黃刀鎮、瀑布比不上世界四大瀑布等世界一流的景觀，但反過來說，又有哪一個國家擁有瀑布、峽灣、冰川、火山、間歇泉、極光，還附帶冰島才有的藍冰洞、海鸚 Puffin、可愛的冰島馬還可以出海賞鯨呢？

只有冰島了，這些它全要。

熱愛冰島這個國家，喜歡這裡的自然美景、喜歡這裡的寧靜、喜歡這裡親切和善的人們、喜歡可愛黏人的冰島馬、喜歡駕車在曠野中奔馳、喜歡遠離人潮的孤寂之感——謝謝冰島，妳讓我找到了臺灣、日本外的另一個故鄉，妳讓我找到了。前世的鄉愁。

[目錄]

Chapter3
冰島景點

Chapter4
到冰島一定要追的極光與聖地

Chapter

1

去冰島之前……

認識冰島：
歷史、地形、氣候和文化

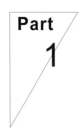

Part
1

　　冰島是冰與火、壯麗與奇險交織而成的美麗國度。孤懸於歐洲外海、北大西洋中的島國，面積是臺灣三倍大，這裡的歷史和斯堪地那維亞半島的維京人息息相關，據說發現冰島的正是維京人，而最早定居冰島的也是維京人英格爾夫・阿納爾松（Ingólfr Arnarson），他於西元874年在今天的冰島首都雷克雅維克定居，開始了冰島的歷史。

　　西元930年冰島擁有自治議會，獨立300年後在西元1262年起被挪威和丹麥治理，到了1814年成為丹麥的附屬國，過程中，冰島發展了自己的憲法、擁有內政自治能力，也曾被英國統治了短暫的時間，直到1944年冰島共和國成立，冰島才終於獲得獨立。

　　聽到冰島這個名字，大家一定會覺得這個國家「冷得要命」，但實際上因為北大西洋暖流從南面經過的關係，夏季的均溫在10度左右，冬季的平均溫度也在零度上下，事實上冬季的雷克雅維克遇到「下雨」的機會可能還比「下雪」的機會高呢！即使位於北部的阿克雷里、米湖一帶，冬季的溫度其實跟日本東北的冬天差不多，並沒有想像中的寒冷。國名和氣溫

名不符實的冰島因此還有個軼聞，據說發現冰島的維京人怕這個美麗的島嶼被別人搶走，就故意取了嚇死人的名字「Iceland」；而傳說中紅鬍子艾瑞克（Erik the Red）因為犯了罪，從冰島被流放到了一處冰天雪地的荒涼島嶼，他為了吸引更多移民來到這座島嶼，反而將這個真的有很多冰的島嶼取名為「格陵蘭」（Greenland，綠色的島嶼）。

面積遼闊的冰島全國人口只有 33 萬人，其中超過 60 ％ 的人口集中在首都雷克雅維克所在的「大雷克雅維克區」。冰島豐富的地熱資源和漁業帶動了國家的經濟發展，是世界上最富有的國家之一。不過因為過度借貸導致債臺高築，2008 年美國次貸危機發生後冰島受到巨大的衝擊、面臨了破產的危機，在冰島政府和國民的共同努力加上冰島觀光業興起的推波助瀾，現在的冰島已經完全走出經濟的谷底，邁向另一個高峰。

冰島儘管人口不多卻有極高的國民素質，喜愛閱讀的冰島人平均 10 個人中就有一個人曾經出過書，是世界上「作家比例」最高的國家。英語能力一流，我去過冰島三次，旅程中遇到的每個冰島人幾乎都有著不錯的英語能力。治安也非常良好，平均一年只有一件命案，旅行常見的竊盜、詐騙、搶劫在冰島可說是「聞所未聞」，幾乎沒有聽過。運動風氣盛行，人口只有 33 萬人的冰島居然能打入了 2018 年在俄羅斯舉行的世界盃足球賽決賽圈，創下世界盃足球賽舉辦以來正賽參賽國家人口最少的紀錄。

比起來自「人」的危險，在冰島旅遊更須注意的是冰島的「大自然」。冰島的天氣詭譎多變，不論四季道路都有可能因為強風、大雨大雪而封路甚至中斷，在冰島旅行時千萬要時時注意天氣與道路狀況，避免和狂暴的大自然硬碰硬，不然很容易讓自己身陷危險之中。

冰島旅遊季節
介紹與推薦

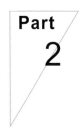

1 冰島的四季

春季（每年 4 月、5 月）

日照時間 15 ～ 20 個小時左右，氣溫會在零度以上，但仍會有降雪和積雪的情況，部分冬季閉鎖的路段仍未全面開通，有機會看到極光。

夏季（每年 6 月到 8 月）

冰島夏季平均溫度在 10 度左右，日照時間以 6 月的 21 小時最長，之後逐漸變短，到了 8 月分每天的日照時間約為 17 小時左右。因為晝長夜短的關係，從 6 月初到 8 月底為止，在冰島看到極光的機會不高。

因為夏季日照時間長、氣候較為穩定。是冰島最熱鬧的觀光旅遊旺季。夏季時幾乎全島的公路都會開放行駛（冰島中央山區 F 開頭的公路約在每年 7 月開放、9 月底封閉），旅人們可以前往位於山區健行和

欣賞瀑布、火山奇景，還有夏天才能看到的冰島國寶鳥「冰島海鸚」（Puffin），開車行駛在公路上時經常能看到美麗的彩虹和路旁不可勝數的可愛羊兒，北部港口胡薩維克 Húsavík 開放了賞鯨的行程，夏季也是最適合前往西北部西峽灣的季節。

夏季旅遊的缺點是遊客多、旅館價格較高且難訂。

秋季（每年 9 月、10 月）

氣溫慢慢降低到接近零度，秋天的日照時間和在臺灣差不多，約 10 小時到 14 小時左右，秋季因為黑夜時間變長、極光出現機率也變高。除了東部峽灣和西峽灣外路況大致良好，可前往大部分的景點。

冬季（每年 11 月～翌年 3 月）

每年 11 月冰島進入冰雪籠罩的冬季氣候，這段期間氣溫會在零度上下，北部遠比南部要來得寒冷，日照時間短（12 月底是日照最短的時間，每天只有 4 小時左右的日照時間），很多地方的道路會封閉（如冰島內陸和西峽灣地區），不穩定的天氣也經常造成道路臨時封閉，基本上其實是一個不適合旅遊的季節。不過美麗的「藍冰洞」卻是冬季限定、世上獨一無二的絕美景觀，而冬季的降雪又將冰島畫上了一層美麗的「雪化妝」，好天氣時處處皆美景，彷彿不似人間。冬季前往冰島旅遊雖說有些冒險，但奇幻又美麗的景色絕對讓人終生難忘。

2 出發時間的建議

「應該什麼時候去冰島呢？」冰島是個還沒出發就知道「肯定會留下遺憾」的地方。春、夏、秋無法進入藍冰洞，冬天的天氣則太不穩定，又看不到可愛的Puffin，因此在選擇旅遊季節時勢必要有所取捨。規劃行程時務必先考量一下最想看到的景色是什麼，再選擇出發的季節。

如果要我推薦，我會建議大家在藍冰洞已經開放、風雪沒那麼強又有較高機率看到極光的 11 月分或是 3 月分前往冰島。比較不建議前往的月分是 12 月中到 1 月中，除了天候不佳外最主要原因是日照時間實在太短，一天當中能利用的時間沒有幾個小時，根本玩不到什麼地方。

機票購買與轉機地點

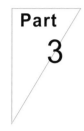

Part
3

　　由於臺灣沒有直航冰島的飛機，因此從臺灣前往冰島勢必要轉機才能抵達冰島，選擇轉機地點也是計劃前往冰島旅行一個重要的考量點。

1 選擇轉機城市

　　從臺灣出發前往冰島最受歡迎的轉機點有三個：英國倫敦、法國巴黎和荷蘭阿姆斯特丹。

　　這三個城市受到歡迎的原因有很多，如都有從臺灣出發、直達這三個城市的航班、機票價格便宜實惠等等。我覺得這三個都市都很適合當作前往冰島的轉機地點，如果計畫在轉機時順遊英國、法國的朋友可以選擇住倫敦、巴黎轉機，但如果想花最少的時間抵達冰島的朋友，我建議可以選擇荷蘭航空加冰島航空的組合。荷蘭航空的航班會在 00:20 從桃園出發，早上就能抵達阿姆斯特丹，接著搭乘冰島航空前往冰島，在下午 3 點左右抵達冰島，簡單來說就是「當天出發當天就能抵達冰島」。

2 Icelandair 和 WOW air

　　相較於其他國家複雜的飛機航線，冰島的對外空中交通顯得十分簡單，基本上冰島對外空中運輸主要就只有兩間航空公司：一間是國籍航空「Icelandair」（冰島航空），另一間則是專飛冰島的廉價航空「WOW air」。

　　Icelandair 和 WOW air 兩間航空公司主要的差別有三點：行李、票價、航班時間。

項目＼航空	Icelandair	WOW air
行李	屬於一般航空公司，票價中就包含了行李及其他費用。 （但透過 skyscanner 搜尋到的「第三方訂票網站」有時候票價不包含行李喔！建議透過官網購票。）	屬於廉價航空，行李、選位都需要另外加錢。
票價	票價浮動。	票價浮動，依經驗會比冰島航空便宜 3,000 元左右。
航班時間	航班時間大不相同，大家可以依自己的需要、航班時間和價格考量作出抉擇。	

3 推薦轉機城市往返冰島航班時間表

（飛機航班經常變動，請以官網為準）

(1) 英國飛冰島

Icelandair 冰島航空			
出發機場	出發時間	抵達機場	抵達時間
Heathrow (LHR)	13:05	Keflavik International (KEF)	15:10
Gatwick (LGW)	13:10	Keflavik International (KEF)	15:10
Heathrow (LHR)	21:10	Keflavik International (KEF)	23:10
WOW air			
出發機場	出發時間	抵達機場	抵達時間
Gatwick (LGW)	11:40	Keflavik International (KEF)	13:55
Stansted (STN)	17:20	Keflavik International (KEF)	19:30
Gatwick (LGW)	20:40	Keflavik International (KEF)	23:00

(2) 冰島飛英國

Icelandair 冰島航空			
出發機場	出發時間	抵達機場	抵達時間
Keflavik International (KEF)	07:40	Heathrow (LHR)	11:45
Keflavik International (KEF)	07:45	Gatwick (LGW)	11:45
Keflavik International (KEF)	16:10	Heathrow (LHR)	20:10
WOW air			
出發機場	出發時間	抵達機場	抵達時間
Keflavik International (KEF)	06:10	Gatwick (LGW)	10:25
Keflavik International (KEF)	12:05	Stansted (STN)	16:15
Keflavik International (KEF)	15:30	Gatwick (LGW)	20:10

(3) 法國飛冰島

icelandair 冰島航空			
出發機場	出發時間	抵達機場	抵達時間
Charles De Gaulle (CDG)	14:10	Keflavik International (KEF)	15:40
Orly (ORY)	14:00	Keflavik International (KEF)	15:40
WOW air			
出發機場	出發時間	抵達機場	抵達時間
Charles De Gaulle (CDG)	12:35	Keflavik International (KEF)	14:10
Charles De Gaulle (CDG)	18:30	Keflavik International (KEF)	20:00
Charles De Gaulle (CDG)	18:35	Keflavik International (KEF)	20:05

(4) 冰島飛法國

icelandair 冰島航空			
出發機場	出發時間	抵達機場	抵達時間
Keflavik International (KEF)	07:40	Charles De Gaulle (CDG)	12:55
Keflavik International (KEF)	07:40	Orly (ORY)	13:00
WOW air			
出發機場	出發時間	抵達機場	抵達時間
Keflavik International (KEF)	06:00	Charles De Gaulle (CDG)	11:30
Keflavik International (KEF)	12:00	Charles De Gaulle (CDG)	17:25

(5) 荷蘭飛冰島

icelandair 冰島航空			
出發機場	出發時間	抵達機場	抵達時間
Schiphol Airport (AMS)	14:00	Keflavik International (KEF)	15:05
Schiphol Airport (AMS)	14:00	Keflavik International (KEF)	15:10
WOW air			
出發機場	出發時間	抵達機場	抵達時間
Schiphol Airport (AMS)	12:25	Keflavik International (KEF)	13:45
Schiphol Airport (AMS)	18:30	Keflavik International (KEF)	20:00

(6) 冰島飛荷蘭

icelandair 冰島航空			
出發機場	出發時間	抵達機場	抵達時間
Keflavik International (KEF)	07:40	Schiphol Airport (AMS)	12:40
Keflavik International (KEF)	07:50	Schiphol Airport (AMS)	3:00
WOW air			
出發機場	出發時間	抵達機場	抵達時間
Keflavik International (KEF)	06:00	Schiphol Airport (AMS)	11:15
Keflavik International (KEF)	12:00	Schiphol Airport (AMS)	17:25

4 行李託運和轉機時間

從臺灣出發經轉機地前往冰島時，行李究竟可不可以「直掛」是網路上常見的問題，基本上兩段航班開在一起的機票（如向旅行社購買的「同一本機票」）因為這張票中有你下一段航段行程的關係可以直掛，如果是分開購買的機票（如分別透過航空公司官網購買的機票），行李則不能直掛，到轉機地後必須要把行李領出後重新到櫃臺辦理登機手續。

至於轉機時間要留多久呢？以我兩次在荷蘭轉機的經驗來說，因為荷蘭海關物品檢查非常嚴格的關係，不管轉機或是入境的行李檢查都會花掉不少時間，如果不入境、直接轉機建議要 2 個小時以上，如果要入境、提領行李重新辦理行李則需要 4 小時以上的時間會比較保險。

冰島租車 &自駕指南

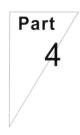

Part 4

在幅員遼闊、大眾公共運輸不發達的冰島，自駕絕對是暢遊冰島的最佳選項。即便在自由旅遊盛行的這個年代，「自駕旅遊」仍是屬於進階班，踏出這一步需要一點勇氣，不過開始自駕旅行後會發現旅行自此跨入新的階段，更加自由更自在，所看到的世界也更加遼闊。這個章節整理了我親身在冰島的三次環島自駕經驗，從選擇租車公司、車款到實際上道路駕駛都有完整的心得分享，行前看過這一篇我想絕對能讓您在冰島自駕能夠駕輕就熟、不再「如履薄冰」。

1 如何選擇租車公司

冰島有許多租車公司，要從眾多的租車公司中選擇一家評價、車況良好、價格便宜實惠的租車公司，實在是一件大工程。前兩次在冰島的環島之旅我依網路上的評價選擇了「Blue Car Rental」這間公司，而第三趟冰島行則是透過著名租車搜尋網站「Rentalcars」訂了「Procar」公司的車子，

實際在冰島自駕旅行回來，不論是 Blue Car Rental 或是 Procar 的車況、服務都滿令人滿意的。

由於租車公司的選擇太多，每間公司的價格、包含的保險不一，不建議到各租車公司的官網「東市買駿馬、西市買鞍韉」這種花木蘭從軍買裝備式的租車方法，建議大家直接透過 Rentalcars 訂車。Rentalcars 是頗具公信力的第三方訂車網站，在 Rentalcars 中輸入日期、取車還車地點後就會出現眾多的選項供大家比較，從中選擇出最適合自己的車款和租車公司（且 Rentalcars 提供的「完全保證制度」更幾乎囊括了所有必需的保險，這點在保險的章節會詳細說明，請見 P.22）。

❗ 要提醒大家一點：確認訂車前請先上網搜尋一下該車行的評價，租車才會更有保障。

2 車型選擇

一定要選四輪驅動 (4WD) 嗎？

只要是對冰島自駕有初步研究的朋友，在選擇車款時第一個會考慮的問題應該會是「需不需要選擇四輪驅動」的車子，對於這點很多人建議「有環島行程時再選擇四輪驅動的車子」或是「冬季在冰島才需要四輪驅動的車子」，但我跟大家有不同的看法：我認為「除非真的很想省錢」，不論任何季節我都會強烈建議選擇四輪驅動的車子！

冰島的夏季風強雨多，四輪驅動的車子會有較好的穩定性和抓地力，

如果想往路況不佳的 3 字頭公路跑那更是需要四輪驅動的車子。而冬季呢？請「一定要租四輪驅動的車子」。冰島冬季的積雪極厚，車身較低的二輪驅動、普通房車即使在南方的雷克雅維克或是觀光熱點「金圈」都很有可能遇到因為積雪太深、車身因此卡在雪地上造成輪胎打滑空轉的狀況，更不用說氣候更加嚴峻的東北部和西峽灣地區了！為了自身的安全和旅途更加順利，租車時請以四輪驅動的車款作為主要的考量。

行李承載量

另一個常見、也非常重要的問題是「車子能放多少行李」，我三次在冰島自駕租的都是四輪驅動的 4 ～ 5 人坐的 SUV 車款：兩次是「Hyundai Tucson」、一次是「MAZDA CX-5」，這兩種車型的後車廂空間最多都只能容納三個 29 ～ 30 吋的行李箱加一個 20 吋的登機箱，如果要放更多行李的話只能再租更大 5 ～ 7 人座的車子了。建議大家行李箱不要帶太大，行李可以用中型行李箱加旅行袋的方式打包，才能有彈性的應用車內的空間。

3 保險

在地廣人稀的冰島最需要擔心的是變化莫測的大自然，特別是在冰島租車自駕，四季都會遭遇不同的路況和氣候，對車子也可能造成不同的損傷，為了避免修復車輛的巨額賠償，租車時請務必將相關的保險「保好保滿」。

租車時常見的保險項目有以下幾種

CDW ┄┄┄┄► 發生車禍、碰撞時賠償的保險，基礎的碰撞險通常包含
(Collision Damage Waiver) 在車子的租金內，不過仍有很多的自負額（自負額：車
基礎碰撞保險 輛損傷時需自行負擔的金額，超過這個金額才由保險公司負責）。

SCDW ┄┄┄┄► CDW 基礎碰撞保險的升級版，SCDW 超級碰撞險保險
(Super Collision Damage 公司能理賠的金額會更多，車主的自負額也較低。
Waiver)
超級碰撞險

GCDW ┄┄┄┄► SCDW 超級碰撞險的升級版，最高等級碰撞險除了車體
(Grand Collision 的損傷能獲得理賠，擋風玻璃、後照鏡或是車身烤漆的
Damage Waiver) 損傷都能夠理賠。最高等級碰撞險缺點是保費較高，且
最高等級碰撞險 提供最高等級碰撞險的車行也不多。

SADW / SAAP ----▶ 冰島的強風經常引起沙塵暴（好發於冰島南部，特別是
(Sand & Ash Damage 夏季），SADW 和 SAAP 是有關沙塵、砂石對車體、車
Waiver) / (Sand and Ash 窗和車燈造成的損傷修復的保險項目。
Protection)
防沙險

★ **GP** --------▶ 對於車輛行駛時濺起的飛　　　❗個人覺得 GP 碎石險和
(Gravel Protection) 石造成車體、車窗損傷的　　　WP 前擋風玻璃險是非
碎石險 保險。　　　　　　　　　　常非常重要且需要的保
　　　　　　　　　　　　　　　　　　　　　　　　險，在冰島自駕三次、
　　　　　　　　　　　　　　　　　　　　　　　　開了近一萬公里，很常
★ **WP** --------▶ 對於車輛行駛時濺起的飛　　　遇到飛石直擊車身和前
(Windshield Protection) 石造成前擋風玻璃損傷的　　擋風玻璃的狀況，有保
前擋風玻璃險 保險。　　　　　　　　　　這兩個險會讓人安心不
　　　　　　　　　　　　　　　　　　　　　　　　少。

TP --------▶ 車輛被偷竊時的賠償，除非羊學會偷車開車，不然在冰
(Theft Protection) 島租車不需要這個保險。
竊盜險

TI --------▶ 有關輪胎損傷、更換的保險。
(Tire) **輪胎險**

RFC -----▶ 冰島內陸有許多地區需要涉水而過才能抵達，RFC 渡河
(River Ford Crossing) 險即是有關渡河時造成的損傷埋貼保險。
渡河險

PIP 包含了碰撞險、砂石險、碎石險的保險項目，每一間車
(Premium Insurance 行的全險保險項目和保險金額、自負額都不一樣，需仔
Package) 細查看、多方比較。
全險

● 第三方險（iCarhireinsurance）

　　大部分租車公司的保險都會有所謂自負額，意思是需自行負擔的費用，超過自負額的部分由保險公司處理，超過上限的部分需要自行負擔（通常保費越貴、自負額越低）。第三方險就是負擔車主的「自負額」的保險。投保第三方險後租車車主的自負額會由承保第三方險的保險公司所負擔，可說是讓租車的風險減到最低。

　　過去冰島租車在投保第三方險時多半是向「iCarhireinsurance」這間公司投保，不過自 2017 年 12 月起 iCarhireinsurance 公司不再提供歐洲區以外的國家第三方保險的服務（據聞原因是臺、港、中出險的比率過高）。因此只能改和其他保險公司購買第三方險。目前（2018 年 5 月）能讓臺灣人投保第三方險的保險公司已經不多了，推薦大家可以向中文化介面的「RentalCover」購買第三方險。

● Rentalcars 的完全保障制度

　　每間租車公司保險的範圍和規定、費用都不一樣，令人看得眼花撩亂。如果是透過 Rentalcars 租車的朋友推薦可以選擇 Rentalcars 的「完全保障制度」，Rentalcars 的完全保障制度是由 RentalCover 公司承保，保險中包含了車身、底盤、擋風玻璃、車窗、輪胎損傷修復在內的所有費用（零自負額），Rentalcars 的完全保障制度和 RentalCover 在網路上評價非常的高，事故發生後只要備齊相關的證明文件，在很短的時間內就可以獲得來自 RentalCover 的賠款。

● 直接透過 RentalCover 購買保險

　　「RentalCover」是和著名租車比較網站「Rentalcars」合作的保險公司，Rentalcars 租車時提供的「完全保障制度」即是由 RentalCover 提供的服務。

　　一般而言直接透過 RentalCover 購買保險會比選擇 Rentalcars 的「完全保障制度」來得便宜，加上網路上不定時會有 RentalCover 的折扣優惠，直接在 RentalCover 購買保險可以省下一些保險的費用。

4 取車／還車流程

取車

在冰島自駕通常會在凱夫拉維克國際機場（KEF）或是首都雷克雅維克取車、還車。如果是在機場取車，因為每間租車公司在機場不一定有專用的櫃檯，因此車行的人會拿寫著你英文姓名的牌子在出關的地方等待。等到當天預約車輛的客人都到齊後，租車公司的人會帶著大家搭乘接駁車前往位於附近的租車公司辦理手續和取車。

取車時除了預約單號外還要出示駕照、國際駕照和信用卡，要注意的是如果車輛的駕駛不只一人，兩個人的駕照和國際駕照都要提供。信用卡的功用是要刷一筆押金，押金的金額每間車行不一，多半約臺幣 10,000 元上下，確保車輛萬一遭遇損傷的賠償金額。如果還車時一切正常，就會退還這筆金額（這筆金額只是一筆預刷的額度，還車時沒問題的話是不會請款的）。

辦理租車手續時較容易出現的爭議是車行額外提出的「保險」問題，在網路上曾經看過有網友在冰島辦理租車手續時，因車行語帶「脅迫」的要求額外加入該車行提供的保險，當下答應後卻又發現本來就有保險而感到後悔不已。依我在歐洲自駕旅行前後共有十次的經驗，可以和大家說「每一間租車公司」不管你本身是不是有保險，都會詢問要不要再加保該公司的保險，大部分也都會說「不保這個險萬一出事會有鉅額的賠償喔！」如果您確定承租的車輛已經有最完善的保險防護，其實微笑著以堅定的語氣說出「沒關係，我們都保好險了」，租車公司的人通常也只會默默點

個頭，不會強迫一定要購買該公司的保險。

檢查車況

辦好租車手續取車後最重要的就是車輛外觀的檢查工作了。租車公司的工作人員將車輛開過來後會陪同一起檢查車輛外觀，此時務必仔細檢查車輛外觀是否有凹陷、刮傷的情形，最好是用手機、相機將剛拿到的車做完整的拍照或錄影，如拿到車時車身本來就有損傷，請一定要馬上和租車公司的人說，並請他記錄下來以避免爭議。

還車

還車的步驟比租車更容易，比較需要注意的就是要「滿油取車、滿油還車」，還車時租車公司的工作人員會檢查車輛外觀和油表，確認外觀沒有損傷、油箱加滿後即完成還車手續。在機場附近的租車公司還車的話，工作人員還會主動詢問需不需要載去機場或是機場附近的旅館，服務算是非常周到。

但如果遇到車身有刮痕或是車輛損傷的情況，租車公司會當場估價，如租車人是透過第三方的保險公司進行投保（如 Rentalcars 的「完全保障制度」）需要自己先付清這筆費用，回國後再依照租車公司提供的資料向投保的保險公司辦理理賠。

5 開車上路時的注意事項

　　冰島的天氣狀況不穩定，開車時要注意的狀況有很多，請大家務必將這些注意事項詳細的看過並且記下來，才能有效的減少意外發生的機率。

冰島公路介紹

　　冰島主要的公路分為以下四種：冰島環島大動脈「1 號公路」，主要支線等級公路「2 位數公路」（如機場通往首都的「41 公路」），次要的支線 3 位數公路（如 Google Maps 非常熱愛的 939 公路），最後就是冰島內陸地區的 F 開頭 3 位數公路。

　　主要的環島 1 號公路和 2 位數公路路況都還不錯，不過 3 位數的公路路況不佳，行駛在 3 位數公路時要特別小心。

冰島的交通規則

　　冰島和臺灣一樣是左駕，交通規則上也大致相同，比較注意的有兩點：

❶ 圓環：在冰島並沒有像臺灣有那麼多的紅綠燈，遇到道路交會處多半設置圓環以供車輛轉彎通行，駛進圓環的優先順序是「先行駛入圓環的車輛有優先路權」，簡單來說就是「讓左側的車輛先通行」。開車駛進圓環前務必先暫停，確定沒有車輛從在圓環中（沒有車從左側開過來）再進入圓環，要提醒大家務必在「完全沒有車」的狀況下再進入圓環，因為歐洲人習慣這樣的交通規則，他開入圓環後是完全沒有在減速的！想趁圓環中前後兩臺車距離較大的空檔

進入圓環中是一件很危險的事情。

❷ **道路限速**：冰島的道路限速主要分為三種：柏油路速限 90 公里、礫石路速限 80 公里，市區不能超過 50 公里（市中心通常會更低）。在冰島的測速照相不多，但超速的罰金很重，罰金約臺幣 9,000 元左右，因此大家開車時務必要注意速限，避免超速。

上路前的注意事項

冰島的公路路況和天氣一樣瞬息萬變，因此自駕時一定要隨時注意「The Icelandic Road and Coastal Administration」（http://www.road.is/）這個網頁中的即時路況。進入該網頁後會看到冰島全島的示意圖，點進要查詢的區域後就會出現該區域現在的道路狀況。

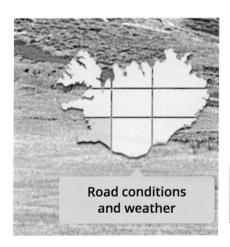

| 掃 我 觀 看 |

點選進入該區域後，可以看到該區域主要道路的道路狀況，道路的狀況以不同顏色來標示。

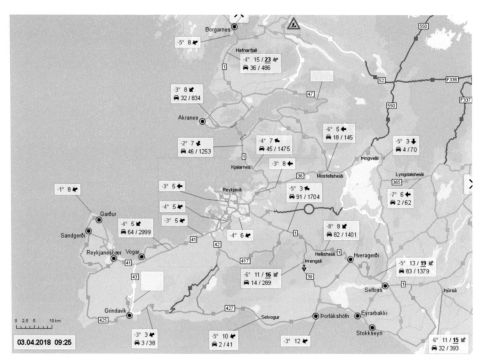

▲ 路況顏色說明請見右頁。

- Easily passable 易於通行：道路狀況良好，只有少部分會有結冰溼滑的狀況。

- Spots of ice 有結冰點：結冰或積雪的路面超過該路段 20%。

- Slippery 道路溼滑：容易打滑的結冰路面超過 20%。

- Extremely slippery 道路非常溼滑：非常容易打滑的路面超過 20%。

- Wet snow/snow 溼雪／雪：鬆軟的積雪超過 10 公分的路段。

- Difficult driving 駕駛困難：路面完全或部分積雪 10 ～ 20 公分，建議四輪驅動的車輛才能行駛。

- Difficult road conditions 路況困難：路面完全或部分積雪超過 20 公分，建議大型車輛和吉普車才能行駛。

- Impassable/Closed 道路封閉：道路封閉、禁止通行。

- No winter service 沒有冬季服務：冬季期間沒有該路段的道路現況資料，基本上這種類型的道路冬季都是關閉的。

- In winter service and conditions unknown 冬季路況不明：不確定該段道路的狀況。

除了以顏色顯示該路段的目前路況外，還有用其他圖示做補充說明，比較重要的有：

- **Winter service/Opening of road for traffic**（冬季服務／道路開放）：通常是鏟雪車正在進行作業中的路段。

- **No passage for motor vehicles**（機動車輛禁止通行）：道路暫停開放，根據我的經驗，出現這種紅黃圓圈「No passage for motor vehicles」都有警備車巡邏或是警車在路口直接攔截、禁止車輛進入。

遇到封路的應變

總之上路前務必查詢預計要行駛的道路路況。冬天在冰島自駕非常容易遇到道路封閉的狀況（如果冬天在冰島環島一圈連「一次」封路也沒有遇到，我建議您可以去買樂透，因為機率差不多。）

那如果遇到封路怎麼辦呢？如果真的遇到封路，以下有幾點建議：

❶ **繞路前往目的地**：在冰島南部的路網還算密集（如首都附近），可以依據「The Icelandic Road and Coastal Administration」網站上的路況試著找到一條可以行駛的道路繞行前往目的地。

❷ **改變行程**：冰島冬季西北部、北部經常因為大風雪而封路，加上西北部、北部地區的替代道路少，如果 1 號公路封路又遲遲沒辦法開通，就只能改變行程開往路況較良好的區域。

要提醒大家封路可不是冬季獨享的冰島特產，春季夏季秋季的大雨也都可能造成路面封路，請務必提高警覺，行程安排上不要排得太緊湊，保留彈性才能隨時應變。

冰島公路上易發生的危險

❶ 積雪過深導致車身陷入雪堆無法行駛

在冬天環島看過好多次這樣的狀況，還有一次遇到冰島當地人開著 POLO 陷在橋中央的雪堆裡，我們下車幫忙推車推了半天還是無法脫困，最後請道路救援來處理。因為真的看到不少這樣的狀況，因此強烈建議租用車身較高、四輪驅動的 SUV 車款來減低陷在

雪中動彈不得的狀況。

　　冰島有許多橋樑都有很厚的積雪，根據當地人表示（就是那臺陷在橋中間的 POLO）因為剷雪車的車身較寬，而冰島的橋通常都是單向行駛、橋身較狹窄，鏟雪車進不來，所以許多橋上才會有比道路上更深的積雪。

▲ 冬季冰島積雪很厚，駕車時必須特別注意路況。

❷ 強風

我個人覺得「強風」比「積雪」更危險，但卻非常容易被忽略。強風造成的危險有三：首先是在道路行駛時突然的強風容易造成車輛打滑、甚至會造成車輛翻覆。我曾經在冰島東岸海邊的雪地道路行駛時一陣強風突然吹來！車輛立刻往外側（海的那側）位移，好在車速不快，我還能慢慢減速將車頭導正，避免了一場意外的發生。

在雪地上開車要避免「急煞急停」，緊急煞車非常容易造成車輛失控！遇到打滑的狀況應該要將方向盤打正後儘量減速再煞車，才能避免意外的發生。

強風造成第二個威脅是：強風捲起的飛砂走石很容易造成車體的損傷和前擋的碎裂，因此租車時務必要買好相關的保險，以避免巨額的損害修復賠償。

最後一點是最容易被忽略的地方：下車時務必慢慢開車門，避免強風將車門用力吹開、造成承軸斷裂。在網路上看過網友下車時車門被強風狠狠吹開，造成駕駛座車門毀損、無法密合的狀況。而我也差點親身遭遇一樣的例子：在西峽灣「北極狐中心」下車開門時，車門被強風直接吹開，「碰」的一聲車門差點和車身分離，嚇了大家好大一跳！因此下車時務必要注意拉好門的手把、慢慢下車，避免意外的發生。

6 加油相關問題

　　冰島的加油站大部分是自助式且無工作人員，必須以信用卡付款，因此出國前務必先申請一組信用卡的四位數字 PIN 碼。因為在臺灣沒有使用 PIN 碼的習慣，因此就連許多信用卡客服都搞不懂「PIN 碼」到底是什麼。好在我問過多間信用卡公司的客服後，我終於得到了一個堪稱「最正確」的答案。

　　首先是冰島或歐洲其他地方的刷卡機並沒有辦法驗證臺灣信用卡的資料，因此當刷卡機讀到臺灣的信用卡時其實它的驗證機制就會自行失效，所以此時只要隨便輸入一組四位數字（如 0000、1234）即可。但因為這「隨便一組」數字聽起來太隨便，很多卡主為了保險起見會申請一組四位數的「預借現金」密碼，如果申請了「預借現金」密碼，在需要輸入 PIN 碼時就請輸入這組密碼。

　　總之最好在出發前就申請一組信用卡的四位數字「預借現金」密碼，萬一真的忘了申請，需要輸入 PIN 碼的時候請輸入任意四個數字試試看。我在冰島加油時用的都是事先申請的「預借現金」密碼，沒試過任意輸入的四位數字，為保險起見、建議大家還是事先申請吧！

　　另外可以在冰島數量最多的連鎖加油站「N1」有員工服務的據點購買加油卡，不過這張卡只能在 N1 使用，建議還是使用信用卡加油比較方便。

❶ 開油箱

不要以為我是寫廢話充版面，因為每
輛車油箱的位置和開法不同，很多人
在這關就卡關了！建議租車時要先問
一下開油箱的方法。

❷ 確認要加油的種類

除了車行的人會告知外，油箱上通常
也會註明要加什麼油。

❸ 插入信用卡

❹ 點選加油機的「英文」介面

❺ 輸入 PIN 碼

❻ 選擇要加的油量

油量以金額（冰島克朗 ISK）表示：
有 3000、5000、10000 等選項（每間
加油站選項不盡相同），或是可以選
擇「加滿」的選項，網路上有說不要
選加滿，因為加滿會先預扣一筆較高
額的費用，後來才會將多出來的退
還。但依照我個人在冰島加了二、
三十次油的經驗來說：我覺得「沒
差」。不管選擇什麼項目最後都是以

你加多少油計價的！不確定要加多少
油的朋友請放心選「加滿」吧！

❼ 開始加油

不用在螢幕上選擇加油的油種，請直
接拿起想要加油油種的油槍，放入油
箱後按壓油槍即可開始加油。

❽ 列印明細

印明細是比較難搞懂的地方，有些加
油站會有「印明細」的選項，但冰島
全國最大的加油連鎖店 N1 則是在加
完油之後把信用卡再放入一次才能把
明細列印出來。不過 N1 傲嬌的地方
在於同樣的步驟有時候可以印出來有
時候不行，只能猜想那臺機器剛好沒
紙了吧 ?!

7 停車相關問題

在冰島大部分地方停車不需停車費，但還是有幾個例外，如首都雷克雅維克市中心和北部大城阿克雷里市區，另外有些觀光景點，例如辛格韋德利國家公園、塞里雅蘭瀑布也須收停車費。

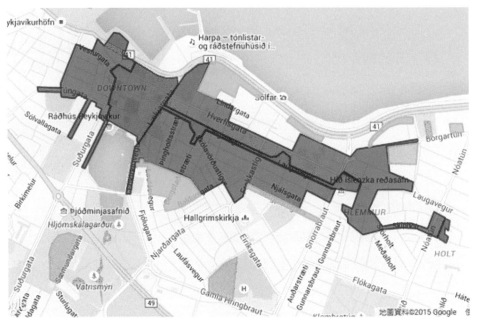

▲ 雷克雅維克市區的停車分區圖，P1 ～ P4 不同位置可停的時間區間不同。

雷克雅維克停車

雷克雅維克停車有 P1、P2、P3、P4 四個區域

P1 每小時 ISK 250，收費時間為週一～週五 09:00~18:00，週六 10:00~16:00（其餘時間不收費）

P2 每小時 ISK 125，收費時間為週一～週五 09:00~18:00，週六 10:00~16:00（其餘時間不收費）

P3 前兩個小時 1 小時 ISK 90、第三個小時起 1 小時 ISK 20，收費時間為週一～週五 09:00~18:00，週六 10:00~16:00（其餘時間不收費）

P4 每小時 ISK 125，收費時間為週一～週五 08:00~16:00

其實不用特別去記 P1 ～ P4 的位置，停車處附近就會有標示區域的牌子告知你停的是哪個區域。

付費方式很容易，找到繳費機後放入信用卡或是硬幣、選擇要停多久（不確定時間的話可以選 MAX）將停車票卡打印出來後再放在擋風玻璃明顯處即可。

阿克雷里停車

阿克雷里停車有點難懂，簡單來說在阿克雷里市區停車是免費的，但要拿停車卡（自己寫在紙上也可以）把自己「停車時的時間」寫在上面即可。每個區域可以免費停車的時間不一樣，有 15 分鐘、1 個小時、2 個小時等，如停在「限停 1 個小時」的停車區域，每 1 個小時就要重寫一個新的時間（使用停車卡的人要把停車卡轉到新的時間）才能繼續免費停車。例如在 10:00 停好車，寫上「10:00」的停車時間後就可以免費停 1 小時，時間到了還要繼續停的話，就要回到車上寫上新的時間「11:00」才能繼續停第 2 個小時。

如果忘了回來調整時間呢？那就會被開一筆 ISK 3,200（約臺幣 800 元左右）的罰款！必須要去銀行繳費。知道為什麼我那麼清楚嗎？因為我就被開過單啊！被開單的原因不是我不遵守規定，而是我搞錯了，以為上面要寫的時間是「預計要停到什麼時間」……總之我在這裡說明得非常清楚了，希望大家不要和我遭受同樣的命運。

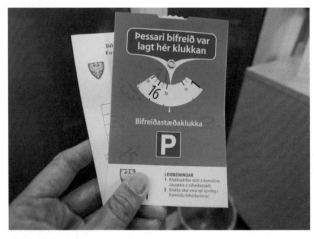

◀ 停車卡可以在 Landsbankinn 銀行、遊客中心索取。

▲ 阿克雷里市區停車標示。1 kist 代表免費停車 1 小時。virka daga 代表適用的時間區間。

觀光景點的停車

　　目前我只在辛格韋德利國家公園和塞里雅蘭瀑布遇到停車需收費，觀光景點的收費是「計次」不是「計時」。繳費方式非常簡單，就是找到繳費機投入指定金額後把收據放在擋風玻璃明顯處即可。我想依現在的冰島觀光熱潮，未來要收取停車費用的觀光景點一定會越來越多。

▲ 塞里亞蘭瀑布停車場繳費機，用信用卡繳費即可。

行前準備指南

1 服裝建議

　　一般大家都會覺得冰島是一個很冷的國度，但事實上因為有北大西洋暖流流經，因此氣溫沒有想像中低，夏季約在 10 度左右，較嚴寒的冬季則在零度上下。比起「氣溫」，我認為「風、雨、雪」才是更需要注意的地方，準備冰島的服裝有以下幾個建議：

❶ **防風防水外套**：不論在任何季節，冰島都是個風強雨大的地方，天氣變化迅速得讓雨傘在冰島完全無用武之地，因此準備一件防風防水的外套極其必要。

❷ **羽絨衣和發熱衣褲**：即便是在夏季氣溫較高的時候，到了夜間仍會讓人覺得寒冷，因此準備一件輕盈保暖、便於攜帶的羽絨衣是非常有需要的。另外內裡的發熱衣褲也要準備，在寒冷的冬季還需要準備厚度較厚的發熱衣褲。

❸ **防水的硬底靴子**：冰島多雨多雪，容易造成地面溼滑、泥濘、積雪積水的情況，因此建議攜帶一雙能防水耐走的硬底靴子，才能應付各種地形與氣候。

❹ **毛帽、羊毛手套和羊毛襪子**：冬季的氣溫較低，做好全身防護後最後發現最冷的地方其實是腳底和手心，建議大家可以在當地購買由冰島羊毛製作、保暖性一流的襪子和手套，抵禦冬季的低溫。另外毛帽可以保護頭部免於受凍，也是冬季一定要準備的衣物。

2 必帶神器

❶ **簡易冰爪**：在可能下雪、積雪的春、秋、冬季前往冰島如果沒帶冰爪那真的會「舉步維艱」。下雪積雪的路面非常溼滑，一不小心就會滑倒受傷，因此在冰島許多景點，都會在入口處提醒遊客穿著冰爪以避免危險。其實在冰島的超市、紀念品中心也能買到簡易冰爪，但比臺灣販售的價格高出許多，因此建議大家在出發前事先準備，避免額外的花費。

❷ **太陽眼鏡**：太陽眼鏡可以抵擋強烈的日照和積雪上的光線反射，特別是開車時一定要準備太陽眼鏡才能有最清晰的視野，另外參加冰川健行、藍冰洞等冰上活動時也建議要戴太陽眼鏡。

❸ **長焦鏡頭**：「冰島最美的風景，正是路途中無名的路邊景色」，在

冰島自駕旅遊最美的景色往往不是最知名的景點，而是沿途所看到的風景，準備一顆 200mm ～ 300mm 的長焦鏡頭配上善於拍照的副駕駛（最好也要長得漂亮），才能將這些一閃而逝的美景透過相機永久保留下來，「剎那即永恆」成為永生難忘的回憶。

❹ **泳衣、手機防水袋／防水殼**：在地熱資源豐富的冰島將有許多下水泡溫泉的機會，因此泳衣、手機防水袋／防水殼肯定有出場的機會，是前往冰島必帶的物品之一。

❺ **手電筒**：追逐極光的季節會有許多半夜不睡覺跑到黑漆漆的地方望著天空傻笑、等待極光女神出現的機會。準備一隻手電筒不但能照明前方的道路，極光出現時還可以用來當作人像拍攝補光的工具，實在是冰島旅遊的必備良品。❗ 要提醒大家：內含「鉛酸電池」的充電式手電筒不能託運也不能上飛機。

③ 冰島的網路

冰島主要電信公司有三間：Siminn、Nova、Vodafone，而最受大家歡迎的網路解決方案非「Siminn」的 SIM 卡莫屬，「Siminn」分為兩種方案：「Siminn Prepaid Starter Pack」價格是 ISK 2,900：5G 網路流量＋50 分鐘通話（可撥打含臺灣在內的 54 個國家）、50 通簡訊。「Siminn Prepaid Data」價格一樣是 ISK 2,900：10G 網路流量，不含通話和簡訊，大家可以依自己的需求來購買。如果流量或是通話時間用完可以透過 App 或是官網加值。

可以透過官網購買「Siminn」的 SIM 卡，再到預約門市領取或是寄到

旅館。另外冰島超市、加油站附設商店和 Siminn 的門市也都有販售。推薦最方便省事的購買方式是在入境冰島後到機場內的「1011」超市購買「Siminn」的 SIM 卡，環島途中「Siminn」網路收訊狀況良好、速度也很快，5G 的網路流量在十多天的環島結束後也還沒用完，各方面表現都很好，無怪乎「Siminn」的 SIM 卡這麼受到旅人們的推薦和歡迎啊！（Siminn 官網：https://www.siminn.is/prepaid）

4 外幣準備和信用卡

冰島的貨幣是「冰島克朗 ISK」，1 冰島克朗 = 0.29 新臺幣（2018.07.10 匯率），臺灣無法直接換得冰島克朗，前往冰島的旅人大多會帶歐元或美元到冰島後在機場、銀行兌換成冰島克朗。

很多人說「在冰島什麼都可以刷卡，用不到現金」，我覺得這句話並不完全正確。確實在冰島不論是購物、食宿、繳停車費過路費都可以用信用卡付費，但還是有極少數的地方非得用現金不可，如加油站的超市、景點附設的廁所還是得投入現金才可使用，因此建議大家可以兌換少量的現金放在身上備用。

在信用卡的使用上要提醒大家的是出發前務必要向您的信用卡公司申請一組四位數字的「PIN 碼」也就是「預借現金密碼」，在大部分的消費場合不需使用 PIN 碼，但如果是無人服務的自助加油站則一定要輸入這組 PIN 碼才能加油，這點非常重要！請大家務必牢牢記住了。

5 冰島的電壓和插座

　　冰島的電壓是 220 伏特（臺灣是 110 伏特），插座採用的是兩角的圓形 C 型和 F 型插座，和臺灣／香港的插座不相容，需要使用轉接頭。使用電量較大的電器（如吹風機、電湯匙等）使用前務必要注意承受電流的高低，避免電器損壞甚至造成旅館、民宿跳電。

重要資訊網站

❶ 冰島即時路況網站「www.road.is | The Icelandic Road and

　Coastal Administration」網址：http://www.road.is/

　（www.road.is 的詳細介紹請參閱本書 P.19「冰島租車自駕指南」）

❷ 極光預測網站「vedur.is | Aurora forecast for Iceland」

　網址：http://en.vedur.is/weather/forecasts/aurora/

　（vedur.is 的詳細介紹請參閱本書 P.220）

　這個網站可以預測冰島全國 3 日內的雲層分佈和極光指數，是追光人必看的網站。

❸ 號稱「最好的冰島地圖網站」：map.is

　網址：http://map.is/base/

　地圖網站「map.is」是由冰島線上雜誌「Iceland Magazine」編製的免費冰島線上地圖，目的是希望更正 Google Maps 上出現的一些錯誤，避免旅人前往已經封閉或不適合駕駛的道路。另外「map.is」還可以查詢即時道路車輛流量和路況，建議可以和 Google Maps 搭配使用，確保正確的行進路線。

Chapter

2

冰島行程安排

旅行
天數與行程安排

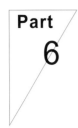

Part
6

1 旅行的天數

到冰島旅行要幾天才夠呢？如果是第一次探訪冰島，目的是前往冰島最受歡迎的人氣（芭樂）景點，我建議的旅行時間是 8 ～ 10 天；但如果計畫要在冰島進行環島旅遊的朋友，旅遊時間在最好在兩個星期以上。

不少人在安排行程時會順便安排在轉機點的旅程，如去程時先在巴黎玩個 3 ～ 4 天再前往冰島旅遊，但我覺得這樣安排其實是有點可惜的一件事，強烈建議不要在轉機地點停留太多時間，儘可能在冰島安排多一點的旅行天數，才能有較多的時間探索冰島的自然美景。特別是在秋、冬兩季為了欣賞極光而前往冰島的朋友，待在冰島的時間少一天、看到極光出現的機會也會減了好幾分。

2 環島

到底需不需要環島是許多人在規劃冰島行程時重要的考量點,雖說冰島大部分的知名景點都位於南部地區,但北部仍有許多值得一訪的地方,特別是比起南部,冰島的北部保留了更多的原始自然景觀,因此如果時間允許、旅遊天數足夠的朋友,我個人十分推薦安排一趟冰島環島行程。

要順時針環島還是逆時針?

冰島的環島方式主要分成從雷克雅維克出發後往東部前進的「逆時針環島」和雷克雅維克出發後先往西北前進的「順時針環島」。我兩種環島方式都嘗試過,根據我的經驗來說我會建議「初訪冰島」的旅人以「逆時針」的方式進行冰島的環島行程,會這樣推薦的原因有二:

❶ 冰島最著名的景點大多位於冰島的南岸地區,逆時針環島可以先前往這些較著名的景點,完成人氣旅遊景點的行程,再慢慢品嘗東部、北部的自然風光。

❷ 冰島的東部峽灣地區交通狀況不佳,一年四季(特別是冬季)都有道路封閉的可能性。如果是逆時針環島到了東岸遇到封路的情形還可以選擇掉頭、往回開回雷克雅維克。但如果是順時針環島遇到東岸封路時,就只能繞一大圈開回雷克雅維克了!

3 景點推薦

　　雖然越來越多人討厭什麼「必遊」、「必吃」這樣的關鍵字，但這些頗具人氣的景點被列為「必去」的景點確實有其被推薦的理由，在此推薦幾個最具代表性的「冰島必遊景點」給大家，供大家排行程時參考。

必去景點	推薦景點
（沒時間也要想辦法去的景點）	（有時間的話請務必去走走看看）

必去景點（沒時間也要想辦法去的景點）

- 藍湖溫泉 Blue Lagoon
- 辛格韋德利國家公園 Þingvellir
- 蓋錫爾間歇泉 Geysir
- 黃金瀑布／古佛斯瀑布 Gullfoss
- 塞里雅蘭瀑布 Seljalandsfoss
- 史可加瀑布 Skógafoss
- 黑沙灘 Reynisfjara Beach
- 傑古沙龍冰河湖 Jökulsárlón
- 黛提瀑布 Dettifoss
- 米湖 Mývatn
- 上帝瀑布 Godafoss
- 阿克雷里 Akureyri
- 教堂山 Kirkjufell Mountain

推薦景點（有時間的話請務必去走走看看）

- 飛機殘骸 Solheimasandur Plane Wreck
- 迪霍拉里半島 Dyrhólaey
- 羽毛峽谷 Fjaðrárgljúfur
- 斯瓦蒂佛斯瀑布 Svartifoss waterfall
- 冰河湖 Fjallsárlón
- 倒影山 Vestrahorn
- 都皮沃古爾鎮 Djúpivogur
- 塞濟斯菲厄澤鎮 Seyðisfjörður
- 米湖溫泉 Jarðböðin við Mývatn
- 象形岩 Hvitserkur
- 丁堅地瀑布 Dynjandi
- 熔岩瀑布 Hraunfossar

冰島必去、推薦景點一覽圖

丁堅地瀑布

象形岩

胡維薩克

黛提瀑布

上帝瀑布

克拉夫拉火山

阿克雷里　**米湖**

地熱區
地洞溫泉
假火山口

塞濟斯菲厄澤鎮

教堂山

都皮沃古爾鎮

熔岩瀑布

蓋錫爾間歇泉

赫本

倒影山

古佛斯瀑布

雷克雅維克

辛格韋德利

斯瓦蒂佛斯瀑布

傑古沙龍冰河湖

史可加瀑布

冰川健行

藍湖溫泉

飛機殘骸

羽毛峽谷

塞里雅蘭瀑布

迪霍拉里半島

黑沙灘

維克

▲ 此圖為必去與推薦景點的位置，供大家安排行程時，可以有更具體的地理概念。

4 冰島行程建議

不環島的八天經典行程

　　冰島的大部分人氣景點位於冰島南部,不用太長的時間就能將冰島的精華一網打盡。在行程安排上要注意的地方是通常抵達冰島是在下午,而離開冰島的時間則多半是一大早,因此第一天只有晚上可以利用,而離開前一天就要回到雷克雅維克才能順利搭機返國。

八天經典行程

	行　程	住　宿　點	交　通
DAY 1	抵達冰島 → 藍湖溫泉 Blue Lagoon → 雷克雅維克 → 音樂廳 Harpa → 太陽航行者 Sólfarið	雷克雅維克 Reykjavík	租車自駕
DAY 2	冰島陰莖博物館 Hið íslenzka reðasafn → 麵包店 Brauð & Co.（好吃的肉桂捲）→ 哈爾格林姆教堂 Hallgrimskirkja → 托寧湖 Tjörnin → 熱狗攤 Bæjarins Beztu Pylsur → 珍珠樓 Perlan → 格倫達菲厄澤 Grundarfjörður	格倫達菲厄澤 Grundarfjörður	租車自駕
DAY 3	教堂山 Kirkjufell Mountain → 熔岩瀑布 Hraunfossar → 小孩瀑布 Barnafoss → 辛格韋德利國家公園 Þingvellir	勒伊加湖 Laugarvatn （金圈）	租車自駕
DAY 4	蒂芬尼藍瀑布 Bruarfoss Waterfall → 間歇泉 Geysir → 古佛斯瀑布／黃金瀑布 Gullfoss	塞爾福斯 Selfoss	租車自駕
DAY 5	塞里雅蘭瀑布 Seljalandsfoss → 祕密瀑布 Gljúfrabúi → 史可加瀑布 Skógafoss → 迪霍拉里半島 Dyrhólaey → 黑沙灘 Reynisfjara Beach → 維克 Vík	瓦特納冰川 國家公園 入口處附近 Vatnajökull National Park	租車自駕
DAY 6	瓦特納冰川健行（冬季建議換成藍冰洞行程）→ 斯瓦蒂佛斯瀑布 Svartifoss waterfall	傑古沙龍冰河湖 附近 Jökulsárlón	租車自駕
DAY 7	傑古沙龍冰河湖 Jökulsárlón Glacier Lagoon → 鑽石沙灘 Diamond Beach → 冰河湖 Fjallsárlón Iceberg Lagoon	雷克雅維克 Reykjavík	租車自駕
DAY 8	離開冰島		

冰島環島十四天經典行程

　　事實上用 14 天在冰島環島時間上還是有點趕，因此建議利用春、夏、秋日照時間較長的時間前往冰島，才有充裕的時間前往各景點。因為路況和日照時間等各項因素比較不建議在冬季前往的景點，在行程表中我以「＊」做標示，供大家安排行程時參考。

十四天經典行程

	行　程	住　宿　點	交　通
DAY 1	抵達冰島 → 入住藍湖旅館 Silica Hotel	藍湖旅館 Silica Hotel	租車自駕
DAY 2	藍湖溫泉 Blue Lagoon → 太陽航行者 Sólfarið → 音樂廳 Harpa → 熱狗攤 Bæjarins Beztu Pylsur → 托寧湖 Tjörnin → 麵包店 Brauð & Co.（好吃的肉桂捲）→ 哈爾格林姆教堂 Hallgrimskirkja → 珍珠樓 Perlan → Sægreifinn (Sea Baron) /Icelandic Street Food	雷克雅維克 Reykjavík	租車自駕
DAY 3	辛格韋德利國家公園 Þingvellir → ＊蒂芬尼藍瀑布 Bruarfoss Waterfall → 間歇泉 Geysir → 古佛斯瀑布／黃金瀑布 Gullfoss	勒伊加湖 Laugarvatn （金圈）	租車自駕
DAY 4	法溪瀑布 Faxi → 番茄農場 Friðheimar → 火口湖 Kerið → 塞里雅蘭瀑布 Seljalandsfoss → ＊祕密瀑布 Gljúfrabúi → 史可加瀑布 Skógafoss	史可加瀑布附近 Skógafoss	租車自駕

DAY 5	飛機殘骸 Solheimasandur Plane Wreck → 迪霍拉里半島 Dyrhólaey → 黑沙灘 Reynisfjara Beach → 維克 Vík → 羽毛峽谷 Fjaðrárgljúfur	教堂城 Kirkjubæ jarklaustur	租車自駕
DAY 6	瓦特納冰川健行 （冬季建議換成參加藍冰洞 Tour）→ ＊斯瓦蒂佛斯瀑布 Svartifoss waterfall → 冰河湖 Fjallsárlón Iceberg Lagoon	傑古沙龍冰河湖 Jökulsárlón	租車自駕
DAY 7	傑古沙龍冰河湖 Jökulsárlón Glacier Lagoon → 鑽石沙灘 Diamond Beach → 蝙蝠山／倒影山 Vestrahorn → 海螯蝦餐廳 Pakkhús Restaurant	赫本 Höfn	租車自駕
DAY 8	都皮沃古爾／金字塔神山小鎮 Djúpivogur → 埃伊爾斯塔濟 Egilsstaðir → 蒸汽瀑布 Gufufoss → 塞濟斯菲厄澤／冒險王小鎮 Seyðisfjörður	塞濟斯菲厄澤 Seyðisfjörður	租車自駕
DAY 9	＊黛提瀑布 Dettifoss → ＊火口湖 Víti → 地熱地形 Hverir → 藍湖 Blue Lake → 地洞溫泉 Grjótagjá cave → 惠爾火山 Hverfjall → 黑色城堡 Dimmuborgir → 偽火山口群 Skútustaðagígar	米湖 Mývatn	租車自駕
DAY 10	上帝瀑布 Goðafoss → 阿克雷里 Akureyri	阿克雷里 Akureyri	租車自駕
DAY 11	鯨魚教堂 Blönduóskirkja → 象形岩 Hvitserkur → 海豹海岸（瓦斯半島）Seal beach	格倫達菲厄澤 Grundarfjörður	租車自駕

DAY 12	教堂山 Kirkjufell Mountain → 歐拉夫斯維克鎮 Ólafsvík → 黃金沙灘 Skarðsvík Beach → 黑沙灘 Djúpalónssandur → 橘燈塔／海蝕洞 Svörtuloft Lighthouse → 怪物海岸 Londrangar → Arnarstapi 小鎮→ 黑教堂 Búðakirkja	格倫達菲厄澤 Grundarfjörður	租車自駕
DAY 13	斯蒂基斯霍爾米 Stykkishólmur → 格蘭尼瀑布 Glanni Waterfall → 熔岩瀑布 Hraunfossar → 小孩瀑布 Barnafoss → 雷克雅維克 Reykjavík	雷克雅維克 Reykjavík	租車自駕
DAY 14	搭機離開冰島		

不能錯過的體驗活動

Part 7

1 藍冰洞

「藍冰洞」是冰島最具特色的自然奇景，我們可以在挪威、芬蘭、瑞典、加拿大、阿拉斯加看到極光，也可以在阿根廷、挪威冰川健行。但要看到藍冰洞就只有冰島才有了。

冰洞的形成是來自夏季冰川融化時的雪水在秋、冬兩季結凍而成，因此冰洞其實沒有固定的地方，前一年冬季發現的冰洞到了第二年可能融化、變小甚至消失，即便是參加同一間嚮導公司的行程，時間不同前往的冰洞也有可能完全不同。

每年約在 11 月到隔年 3 月會有冰洞行程，因為 11 月分、3 月分溫度較高的關係，洞內積水而取消整趟 Tour 機會較高，因此建議大家如果真的很想進入美麗的藍冰洞，選擇在氣溫較低的 1、2 月分前往冰島會比較保險。

藍冰洞基本上分成兩種行程：一種是純粹前往藍冰洞的行程，而另一種則是冰川健行加藍冰洞的行程。一般人看到有這樣的選項，我想許多人

可能會選擇「一兼二顧」（也可以省錢）的藍冰洞加冰川健行的行程。但在網路上看到不少資料，發現冰川健行加冰洞的嚮導團參觀是健行途中較小的冰洞，這些小型冰洞完全沒有網路上「藍冰洞」那樣的景色，因此建議想要看到令人驚嘆藍冰洞的朋友請參加「純」藍冰洞的 Tour。

冰洞嚮導團介紹及經驗分享

純冰洞的行程上分成兩種：

❶ 一種是價格較便宜、時間較短的冰洞行程，如 Guide to Iceland 的「Inside the largest glacier in Europe」或是 Glacier Adventure 的「Ice Cave Tour Vatnajökull」。

• Guide to Iceland 公司的「Inside the largest glacier in Europe」：我 2017 年參加的是這個 Tour，當時前往的是瓦特納冰原 Vatnajökull 前端的冰洞。這個 Tour 時間是 2.5 小時，參加費用則是 ISK 19,500，必須自行到傑古沙龍冰河湖集合，再由嚮導公司的「超級吉普車」載往藍冰洞。

從傑古沙龍冰河湖出發，約 30 分鐘就可以抵達瓦特納冰原前端的冰洞，這個冰洞距離下車地點十分近，穿上簡易冰爪、徒步 5 分鐘後就可以進入洞中。當進入冰洞，看到眼前的奇景時真的會不由得自主地叫了一聲「哇！」當天的好天氣讓冰洞更加湛藍，看起來真的和網路上所看到的「藍冰洞」美景一模一樣，每個進入冰洞的遊客都興奮得手舞足蹈，拿著相機猛拍。比較可惜的是洞內的遊客很多，實在找不到空檔拍空景。

❷ 價格較貴、需要時間較長的冰洞團，參觀的是位處瓦特納冰原較為

內部的冰洞：如 Glacier Adventure 的「Blue Ice Cave tour in Iceland」。

• Glacier Adventure 公司的「Blue Ice Cave tour in Iceland」：2018 年第二度前往冰洞，參加冰洞費用為 ISK 34,500，時間則是 7 個小時。不論費用、時間都是前一年參加過冰洞 Tour 的兩倍，但是看到美景的震撼度則超過百倍（笑）。

「Blue Ice Cave tour in Iceland」每團成員只有 8 名，很容易額滿，想參加的朋友務必提早報名。集合地點是在傑古沙龍冰河湖附近的「Hali Country Hotel」。參加這個行程會走在冰原上，因為有一定的危險性，報到後嚮導會先檢查大家的衣着和裝備。

等大家整理好裝備後就搭乘嚮導公司的「超級吉普車」前往瓦特納冰原，出發後經過約 20 分鐘的車程，抵達了停車處，下車後換上了簡易冰爪在嚮導的率領之下往冰洞前進。

前往冰洞的路程約 3 公里，其中有 1 公里的礫石、岩石路，還有 2 公里是直接走在冰川上，來回一趟共需走 6 公里。穿越礫石路抵達冰川邊緣後，嚮導會要大家換上冰川專用的冰爪，和套上專門的鉤環，接著在嚮導的指導下開始在冰川上前進。因為這個行程包含直接在冰川上健行，因此參加類似行程的朋友，其實就不需要另外報名冰川健行的行程了。

到訪那天天氣極佳，走在冰川上邊走邊欣賞沿路不可思議的美景，讓 3 公里的路程走起來一點也不覺得辛苦，在走了將近 100 分鐘的路程後，我們終於抵達位於傑古沙龍冰河湖正後方的目的地。

參觀的冰洞共有兩座，上方的冰洞前方約 30 公尺是較寬闊的區域，此時陽光正好射入洞中，光線透過冰層，眼前所見是一片光彩奪目、令人

驚嘆的奇景。而冰洞的後半部分寬度僅容一人通過，內部十分錯綜複雜，低矮的冰壁讓我們只能縮著身體前進，腳下溼滑的地面更加深了冰洞探險的困難度。下方另一個冰洞的長度和寬度則更加驚人！宛若一條可讓汽車雙向通行的隧道一般，冰洞的最深處、上方的冰壁上還有一扇大開的「天窗」，站在此處拍照、有如身處於深海中一般，十分奇幻。

雖說基本上參觀冰洞是冬季限定的行程，不過近來出現全年可參加的冰洞行程，這個冰洞行程是參觀位於米達爾斯冰原 Mýrdalsjökull 的卡特拉 Katla 冰川上的冰洞，夏季前往冰島、又想參觀冰洞的朋友可以上網參考看看。

❶ 防風保暖的外套和褲子。

❷ 避免耳朵掉下來的毛帽。

❸ 硬底的鞋子。（如果鞋子和服裝不合格，導覽公司也會免費借用。）

確認好服裝後開始套量在冰川上使用的冰爪，量好後請自己收好帶過去使用。

2 冰川健行

在克里斯多福‧諾蘭導演的科幻鉅片《星際效應》中，麥特‧戴蒙所飾演曼恩博士居住的 Mann 星球，拍攝地點正是冰島的「瓦特納冰原」，自從看了這部片之後，對於這片冰原的美景嚮往不已的我也早早把「冰川健行」列在人生清單上必訪的地點、必參加的體驗之一了。

冰川健行四季都可以參加，不過要注意的是冰川健行是直接走在冰川上、有一定的危險性，因此有年齡限制（10 ～ 15 歲，每個團不一），不適合帶著小孩進行親子旅遊。健行地點主要有兩個：一個是冰島中南部的索爾黑馬冰川 Sólheimajökull，另一個則是冰島東南部、冰島最大的瓦特納冰原。其中以瓦特納冰原人氣較旺，是大多數人選擇進行冰川健行的地點。

冰川健行的套裝行程有非常非常多，行程的時間從 2.5 小時到十幾個小時都有，在此分享兩次參加冰川健行的經驗給大家參考。

Glacier Guides 嚮導公司初階行程「Glacier Wonders」

第一次參加冰川健行是在 2015 年的夏季，選擇的是「Glacier Guides」嚮導公司的冰川健行基本行程「Glacier Wonders」。整個行程時間是 3.5 小時，費用 ISK 9,490。

參加「Glacier Wonders」的集合地點是「瓦特納冰原國家公園」管理處的停車場，這裡也是大多數參加瓦特納冰原冰川健行活動嚮導團的集合處。集合完畢後會檢查每個人的服裝（如果衣著不合乎規定嚮導公司可以免費出借），再套量套在鞋子上、冰川健行專用的冰爪，等一切就緒後就搭乘嚮導公司的巴士前往位於瓦特納冰原前端的斯維納山冰川 Svínafellsjökull。

乘著巴士抵達斯維納山冰川停車場後，先下車聽嚮導說明注意事項，接著由嚮導率領、往冰川方向前進，一開始走的都是從前冰川流經的礫石路，走了 20 分鐘後才終於抵達真正的「冰川」。在步上冰川之前嚮導會要大家套上冰川健行專用的冰爪，並示範行走於冰川上方的正確方式。

初次步上冰川行走、既興奮又緊張，感覺十分奇妙，一開始腳下的冰川還因為夾雜著礫石和土壤顯得黑黑灰灰的，但越往上方走，腳下的冰川變得益發晶瑩剔透，最後甚至變成湛藍的「藍冰」，但正當我們走得盡興、期望踏上前方更壯麗的冰川時，嚮導就宣佈時間差不多了，我們要調頭回去了。整趟冰川健行長度是 3.5 小時，實際走在冰川上的時間大約近 2 小時，讓人感覺有些意猶未盡。

Glacier Guides 嚮導公司中級行程「Glacier Explorer」

　　2017 年的冬季再度前往冰島，因為上次走得實在不夠過癮，因此決定再度參加冰川健行。這次選擇「Glacier Guides」嚮導公司的中級行程「Glacier Explorer」，Glacier Explorer 價格是 ISK 15,990、整個行程時間是 5.5 個小時。Glacier Explorer 和前一年參加的 Glacier Wonders 基本上大同小異，主要的差別是在冰川行走的範圍和時間長了很多，扣掉換裝、乘車和走在礫石路上的時間，實際走在冰川上有 3 個多小時的時間。可以走到冰川較上緣、景色更開闊更美麗之處，也讓我彌補了上一次的遺憾。不過因為難度和危險性較高的關係，中級行程 Glacier Explorer 規定必須 15 歲以上才可以參加，年齡限制上比初級行程 Glacier Wonders 10 歲就可以參團的規定高了不少。

根據我兩次參加冰川健行的經驗來說 2.5 ～ 3.5 小時初級團時間真的太短了！不但走不過癮，看到美景卻要回頭、不能前進的的那種失望真的是筆墨難以形容，因此誠心建議大家參與時間較長的冰川健行行程，才能有最美好最難忘的回憶與體驗。

③ 欣賞冰島海鸚 Puffin

　　可愛的冰島海鸚 Puffin 在冰島全國數量接近 1,000 萬隻，佔全球 Puffin 數量的 60%。而冰島全國的遊客中心、紀念品店、超市中有關於 Puffin 的紀念品、明信片可說是不可計數，堪稱冰島的「國民吉祥物」。

　　但可愛的 Puffin 其實也是冰島的「傳統美食」之一喔！這麼可愛的鳥冰島人居然也把牠拿來吃，真的是令人無法想像，或許是在過去物資缺乏的年代填飽肚子、補充蛋白質才是最重要的事吧 ?! 隨著 2017 年 Puffin 被列入全球瀕危動物名單中，現在冰島能吃到 Puffin 的地方也越來越少了，或許再過不久「吃 Puffin」就會走進歷史了吧 ?!

　　Puffin 冬天會在海上過冬，因此只有每年的 5 月分到 9 月分能看到 Puffin 的可愛身影，其中以 6 月中到 8 月初是欣賞 Puffin 的最佳時間。能看到 Puffin 的地方有很多，如冰島南岸的迪霍拉里半島 Dyrhólaey 韋斯特曼納群島／西人島 Westman islands、Ingólfshöfði 海岸和西峽灣的 Látrabjarg 海岬、Hornstrandir 自然保護區等地方。在這麼多能看見 Puffin

的地方中，位於維克鎮 Vik 附近的迪霍拉里半島堪稱最容易到達的賞 Puffin 地點，在夏季前往冰島的朋友千萬不要錯過了。

🛈 註：迪霍拉里半島上看 Puffin 的最佳地點，是在半島東側的停車場。

GPS Point：N63 °24'136" W19°06'13.9"

4 賞鯨

賞鯨是冰島非常熱門的活動之一，搭乘賞鯨船出海成功看到鯨魚的機率高達 95% 以上，是冰島最能滿足期待值的旅遊活動。首都雷克雅維克、北方大城阿克雷里一年四季都有賞鯨活動，而冰島最著名的賞鯨聖地「歐洲賞鯨之都」胡薩維克 Húsavík 則只有每年夏季的 6 月到 8 月有出海賞鯨的行程。

雖說一年四季有賞鯨的行程，不過我個人推薦在夏季進行賞鯨最為適當，原因除了「歐洲賞鯨之都」胡薩維克只有在夏季開放賞鯨團之外，夏季時氣溫較為宜人也是個重要因素，即便是在均溫較高的夏季出海賞鯨都能感受到海風的寒風刺骨，實在無法想像在冬季參加賞鯨團、出海賞鯨，會是怎麼樣的極寒體驗啊！

▶ 從賞鯨船上可以欣賞到美麗巨大的鯨魚身影。

5 冰島馬

　　冰島全國馬匹的品種只有一種，那就是可愛的「冰島馬」，矮小的冰島馬只有 132 ～ 142 公分，不過乘載能力和一般馬匹相差無幾，稱得上「馬小志氣高」。

　　冰島馬的祖先是由維京人在九世紀時傳入，在西元 982 年冰島國會禁止進口馬匹後停止了和其他馬種的混種，冰島馬的血統就這樣完整保留下來，至今為止已經超過 1,000 年的時間。現在全冰島約有 8 萬匹的冰島馬，為了保護冰島馬純粹性，冰島馬只要出了冰島國門就不被允許返國，永遠沒有回到家的一天了。

　　在冰島自駕時常常能看到冰島馬的可愛身影，看到這些可愛的冰島馬往往會讓人無法自拔、急著尋找適當的停車地點。冰島馬十分溫馴，看到陌生的訪客也只會睜著大眼睛和旅人們對望，讓人會情不自禁地拿起相機，對著牠可愛的身影狂拍猛拍。

　　在冰島也有許多農場、嚮導公司提供冰島馬的騎乘體驗行程，讓大家和冰島馬有更多的接觸。一年四季都能進行冰島馬的騎乘體驗，不過和賞鯨一樣、在氣溫較為宜人的夏季騎乘冰島馬最為愜意舒適，因為有一定危險性的關係，騎乘冰島馬有著年齡限制，這點請大家特別注意。

6 火山歷險

法國小說家朱爾・凡爾納（Jules Verne）所寫的《地心歷險記》（Voyage au centre de la Terre）中，主角們深入地心的入口正是冰島斯奈山半島上的「斯奈山」Snafellsjokull，如果能夠真正走入冰島的火山口中，我想會是每個書迷的夢想吧?! 在冰島真的有個可以讓人走進火山口中的火山「Thrihnukagigur Volcano」，不過這麼奇險的地方當然不可能自己進去參觀囉！要參觀必須要參加當地 Tour「Inside the Volcano」，這個行程必須來回各走 3 公里的路往返火山口，另外有年齡 12 歲以上的限制，價格是要人老命的 ISK 43,000（約臺幣 12,217 元），季節限定為 5 ～ 10 月。

如果沒有這麼多的預算則可以考慮參加「Summit Adventure Guides」嚮導公司的火山地洞探險團「Vatnshellir Cave Tour」，這個 Tour 雖然不是走入真正的火山口，而是進入火山熔岩所形成的洞穴中，但只要 ISK 3,250（約臺幣 922 元）的費用就可以和「地心歷險記」主角們一樣，走入斯奈山的地底，真的是便宜實惠又超值啊！

7 雪地摩托車

雪地摩托車行程是冰島的熱門戶外活動之一，在朗格冰川 Langjökull、瓦特納冰原等終年積雪的冰川、冰原都有雪地摩托車的行程，冰島的四季都可以進行雪地摩托車體驗，在夏天拜訪冰島，如果真的很想看到雪、體驗雪上活動，那雪地摩托車體驗是你最好的選擇。

8 冰島三大地獄美食

❶ 發酵鯊魚肉（Rotten Shark，冰島文 Hákarl）

發酵鯊魚是由「小頭睡鯊」的肉，經過發酵、晾乾 4 ～ 5 個月後製作而成的冰島傳統美食，這個「美食」讓許多人聞之色變！剛過世的美國名廚安東尼‧波登曾說發酵鯊魚肉是他吃過最可怕的東西，「地獄廚神」戈登‧拉姆齊更誇張，吃了居然還吐出來！連地獄廚神都嘔吐的「地獄美食」味道到底如何呢？讓我來說個明白。

它通常會被切成小方塊，用牙籤插著吃，剛吃下去時也只有淡淡的鹹味，但咀嚼幾口後強烈的阿摩尼亞味就從喉頭直往鼻腔爆發，越咀嚼味道越重，簡單來說吃起來就是「尿做成的果凍」或是「阿摩尼亞味道重十倍的皮蛋」，無法接受的人可能會一口吐出來吧！不過我倒不覺得有這麼可怕，在餐廳嘗鮮過後，我還在超市買了一小罐發酵鯊魚肉，準備讓此後的晚餐更有「冰島味」呢！但旅伴們吃過一次後就被嚇到了，後來死也不吃，看來接受這個味道的外國人畢竟還是少數啊！

❷ 黑死酒 Brennivín

黑死酒是以穀物、馬鈴薯發酵蒸餾後再加入香菜等各式香草調味的蒸餾酒，是冰島最具代表性的酒類。網路上有人將黑死酒形容成「世界最難喝的酒之一」，可說是另類的「威名遠播」，但實際上它真的有那麼可怕嗎？

不論什麼事都想親自嘗試看看的我，離開冰島前在機場買了小瓶的黑死酒，回國後打開來試試味道究竟如何。它聞起來有淡淡的香菜味，剛入口時味道有些辛辣，一口吞下去後先是香草的餘味從喉頭至鼻腔延伸，味道也變得溫順、沒有那麼辛辣，接著整個食道到胃部都有著溫暖的灼熱感，讓人有著慵懶又舒服的感覺。說實在話我滿喜歡的，下次去冰島還想要多買幾瓶來喝呢！

❸ 羊臉

第一次去冰島在超市中發現了「羊臉」這個冰島的地獄食材後，就很想吃吃看，後來終於在 2018 年的第三次冰島行中在 Mýrin 品嚐到了這道冰島傳統料理。

店員建議我們先加熱過後再食用，還特別說「臉頰特別有肉特別好吃喔！」當完整的羊臉在我們面前還真的有些不知所措，最後終於鼓起勇氣、用刀叉開始切割羊臉上的肉。羊臉的味道吃起來就和一般的羊肉沒有太大的差別，但一刀刀將把肉切割下來後羊頭骷髏慢慢出現，真的很像是在「解剖」而不是吃飯啊！最大的難關是「羊眼」，友人將羊眼挖出後桌邊四人沒人敢將其吃下肚，最後巍峨男子我一口將羊眼咬進口中、咀嚼起來，富含膠質的羊眼口感奇特，用一句話來形容羊眼的味道：「有羊騷味的皮蛋」。

羊臉是「冰島三大地獄美食」中我唯一不願意再吃一次的料理，並不是因為羊臉在味道上有多可怕，而是食用過程好像在解剖、如地獄圖一般可怕！這道料理被稱為「地獄美食」實在當之無愧！（請見 P.117）

住宿攻略：
如何尋找優質住宿、居住城鎮評比和優質旅館、民宿推薦

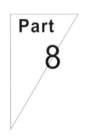

Part
8

　　在和別人介紹冰島時，我總會說：「排冰島的行程真的很簡單，只要在出發前先訂好旅館，然後沿著冰島環島 1 號公路前進就可以了。」冰島的一級景點大多位於 1 號公路的附近，沿著 1 號公路走，就能看到景點的標示牌，不用做什麼功課，也能看到許多美麗的景點。

　　雖說排行程不是件難事，但對於沒去過冰島、對地形和行政區域沒有概念的朋友，要找合宜的住宿地點可得煞費苦心，也可能對此煩惱不已。現在大家不用煩惱了！這個章節將會介紹在冰島旅行時適合的住宿地點，並評比各城鎮位置的優劣和採買購物便利性，另外也會推薦一些我親身住過的優良旅館、民宿給大家做參考。

1 訂房網站

出國旅遊時我個人的習慣是利用 Booking.com 和 Airbnb 訂房，而在冰島尋找優質住宿，除了大家所熟悉的 Booking.com、Agoda、Airbnb 外，在冰島訂房還可以參考號稱「冰島版的 Airbnb」——「Bungalo」，Bungalo 中有許多當地人提供的自宅、小木屋等各式房型，可以找到許多具有在地感的住所，不過目前 Bungalo 只提供冰島語和英語兩種語言，想利用 Bungalo 搜尋投宿地點的朋友得要有足夠的英語能力喔。

2 住宿類型

出國時大家通常會住在旅館、商務旅館，想省錢的朋友則是會住在青年旅館 Hostel 中，不過在冰島除了首都雷克雅維克、北方大城阿克雷里外，最受歡迎的反而是由住家、農舍改建，小木屋、公寓類型的民宿。

這些外觀造型、內部設計各異的小木屋散佈在冰島全國，有的位於景色優美的山谷中、有的則位於可以俯瞰大海的峭壁之上，有的位於牧場中可以和冰島馬一起生活、有的位於狹灣高處，夜裡一抬頭就能看到極光，許多小木屋甚至有室外溫泉浴池，讓人可以邊泡溫泉、邊欣賞週遭美麗的景色。在小木屋住宿的經驗，是我在冰島旅行最美好的部分，實在很難忘記在大雪紛飛的夜裡和旅伴們一邊用餐一邊聊天，夜深了大家一起站在雪地裡欣賞美麗的星空和尋找歐若拉女神的回憶。去過一趟冰島後，一定會認同這一點的。

3 入住前和入住時的注意事項

　　不想嚇大家，但在冰島遇到天氣不佳導致封路的情況很常見（特別是冬季），因此建議大家在訂房時務必要保留幾天的彈性空間，避免當天才知道封路無法前往下一個目的地。遇到封路不但要找新的住宿點，還要聯絡原本預定好的旅館（即便取消，有可能還是得全額付費或是付取消費用）。比較容易封路的季節和地點是冰島冬季時的東部和東北部一帶，請大家在安排住宿時要特別注意。

辦理入住手續

　　冰島有許多民宿、小木屋是採自助式入住，會事先透過訂房網站Booking、Airbnb扣款，扣款成功後（通常會在住宿當天或是前幾天扣款）會透過電子郵件寄送一組密碼，這組密碼是用來開啟民宿大門旁的「鑰匙盒」，民宿的鑰匙即是放在鑰匙盒中。如果找不到鑰匙盒或是鑰匙盒卡住故障（我就遇過），可以打電話（通常在大門旁會貼有民宿聯絡電話）請工作人員前來處理。

◀ 將電子郵件收到的密碼輸入鑰匙盒上的密碼鎖，即可打開鑰匙盒。

冰島不像臺灣、日本，不論什麼時候都能找到餐廳或是超市，因此訂房時務必先調查附近是否有超市或是餐廳，另外在冰島會有很多自己煮食的機會，因此也要特別注意旅館、民宿是否有廚房的設備。如何選擇生活機能性較高的居住點請參考 P.74「冰島住宿地點評比」。

4 熱水的供應

在冰島的旅館大多數是 24 小時供應熱水，但許多公寓、獨棟木屋的則是使用「預熱式熱水器」，提供熱水量是固定的。曾經投宿時遇過熱水用完、後來洗澡的人沒熱水可用的狀況，當時還不明所以，一直到後來在別間旅館投宿，該旅館的工作人員告知每間房間提供的熱水量是固定的，我們才恍然大悟原來熱水的供應是有限制的。雖然民宿預估的熱水量應該都夠用，不過還是請大家把這點記下來，用水時盡量減少不必要浪費吧！

5 冰島住宿地點評比

我將冰島的主要城市、建議住宿地點列出來，供大家在選擇住宿地點時參考。評比主要分為三個項目「交通位置」（和主要景點間的距離、附近景點的多寡、是否位於交通要道等）、「生活便利性」（是否有超市、餐廳或是銀行等能滿足生活需求的店家）、「極光度」（光害低的地方看到極光的機率較大，另外附近有著名地標、景點的地方分數會更高），以星等為評分標準，滿分五顆星，最低一顆星。

冰島住宿地點評比

地點 ＼ 評比項目	交通位置	生活便利性	極光度	補充說明
凱夫拉維克國際機場 Keflavík	★★★★	★★★	★★★	機場近郊是大多數人抵達冰島後的第一站，抵達冰島的第一天不建議住在機場附近，請直接前往雷克雅維克住宿。不過離開時要搭早班飛機的朋友，則建議在機場附近住一晚。機場附近的旅館都大多提供免費機場接送服務，可配合班機起飛的時間前往機場。這附近的光害少，但沒什麼拍極光的厲害景點，極光度中等。
雷克雅維克 Reykjavík	★★★★★	★★★★★	★★	冰島首都，是所有的旅人至少會停留一晚的冰島最大都市，有眾多的超市、餐廳和許多知名景點、博物館，位置和生活便利性都是冰島首屈一指。建議可以住在大教堂附近，逛街、購物、吃飯都很方便。雷市比較不方便的大概就是停車了，自駕的朋友訂房時建議選擇提供免費停車位的住宿地點，會省下許多麻煩。知名地標景點多，但光害嚴重因此只有極光很強的時候能看到極光，建議在海邊尋找極光女神的身影，拍到、看到極光的機會較大。
塞爾福斯 Selfoss	★★★★★	★★★★	★	位於交通要道的大型市鎮，前往金圈非常方便，擁有多家超市、銀行，用餐也很方便。光害較重加上沒什麼適合和歐若拉女神共舞的地標，極光度較低。
勒伊加湖 Laugarvatn（金圈）	★★★★★	★★	★★★★★	勒伊加湖位於金圈正中間，前往辛格韋德利國家公園、蓋錫爾間歇泉和古佛斯瀑布都很方便。小鎮上有一間超市「Samkaup strax」，還有各家旅館兼營的餐廳，能滿足基本的用餐購物需求。附近知名景點極多光害又少，極光度給滿分！
史可加瀑布周遭 Skógarfoss	★★★★	★	★★★★★	位於史可加瀑布附近的小鎮，位處交通要道，但沒有超市可以補充物資，附近知名景點多光害少，很適合拍極光。
維克鎮 Vik	★★★★★	★★★★	★★★	環島必經的維克鎮是冰島南部最熱門的住宿地點，位置絕佳、擁有多家餐廳和服飾品牌 Icewear 的大型展售店以及我最喜歡的冰島超市 Kr Supermarket（Krónan）擁有不錯的生活機能。在觀光旺季時維克鎮的住宿經常供不應求，請務必提早訂房。
基爾丘拜亞拉伊斯蒂（教堂城）irkjubæjarklaustur	★★★★★	★★★	★★	離開維克鎮後直到東邊的赫本鎮為止，這長度達265 公里的路途中教堂城是唯一一個生活機能較佳的城鎮，即便沒有住在這兒的打算，也請到鎮上的超市補充一下物資，因為經過了教堂城後一直到赫本鎮為止，都沒有什麼可以買東西的地方了。這裡光害不高但厲害的景點也少，極光度普通。

地點 \ 評比項目	交通位置	生活便利性	極光度	補充說明
霍夫 Hof	★★★★	★	★★	離冰川健行的集合地點不遠，很適合作為冰川健行前一日的住宿地點，附近沒什麼超市餐廳，生活機能貧乏。
傑古沙龍冰河湖 Jökulsárlón	★★★★	★	★★★★★	冰河湖附近沒有超市，除了遊客中心販售的簡單熱食和旅館、民宿附設的餐廳外也沒有可以在外用餐的地方，但如果是在極光季節來訪，大家一定、一定、一定要在這兒住上一晚。晚上吃過飯後（食材當然要事先買好，這裡是沒有超市的）休息一下後前往冰河湖，準備和女神相會。
赫本鎮 Höfn	★★★★★	★★★	★★★	東南岸的大型城鎮，擁有超市和幾間很厲害的龍蝦餐廳，有不錯的生活機能。靠近小鎮的地方光害較重，想拍極光的話建議可去鎮外的 Vestrahorn 山。
埃伊爾斯塔濟鎮 Egilsstaðir	★★★★	★★★★	★★	東部的最大城市，擁有超市、餐廳、國營酒類專賣店甚至還有電器行，生活機能佳。位於封閉盆地中，城市光害較多又被四周的山勢擋住，較不適合欣賞極光。
塞濟斯菲厄澤鎮 Seyðisfjörður	★★★	★★	★★★★	位於狹灣底部的塞濟斯菲厄澤向來是欣賞極光的好去處，小鎮上有超市和餐廳，生活機能尚可。我會建議先到「埃伊爾斯塔濟鎮」採買，然後來這個景色優美的峽灣小鎮住一晚。
米湖地區 Mývatn	★★★★★	★★	★★★★	擁有眾多自然美景的米湖地區是冰島北部一定要停留住宿的地方，湖東北方的小鎮雷恰利茲 Reykjahlíð 是唯一擁有超市的地方，附近也有一些餐廳。可以搭配極光的知名景點很多、光害又少，是看極光、拍極光的聖地。
阿克雷里 Akureyri	★★★★★	★★★★★	★★★	冰島第二大城，北部第一大城，擁有眾多的餐廳、好幾間超市，生活機能一流。市內光害嚴重，如果自駕旅行的話我會建議大家不要住在市內、而是住在阿克雷里附近，會有較好的視野，看到極光的機會也比較高。
伊薩菲厄澤 Ísafjörður	★★★	★★★	★★★	西峽灣首府伊薩菲厄澤是整個西峽灣最大最熱鬧的城鎮，擁有多間超市和餐廳，生活機能良好，適合作為西峽灣旅遊的中心地點。
格倫達菲厄澤 Grundarfjörður	★★★	★★★	★★★★★	因為教堂山讓格倫達菲厄澤成為整個斯奈山半島最著名、最受歡迎的小鎮，這裡前往半島上的其他景點都還算方便，鎮上有一間超市和幾間餐廳，生活機能尚可，很適合作為斯奈山半島的旅遊中心。極光季節時，更是至少得在格倫達菲厄澤住上一晚，才有機會看到極光女神和教堂山男神共舞的絕妙姿態。

⑥ 住宿推薦

❶ 客可思旅舍 Kex Hostel Reykjavik

> **Info**
> 訂房價格 ▶ TWD 7,433（四人宿舍房、不含早餐）
> **Gps Points** ▶ N64°08'43.8" W21°55'10.2"

　　位於雷克雅維克市中心，充滿工業風的新潮設計被許多時尚誌、旅遊網站和設計網站報導過，是冰島最有名的青年旅館，沒有之一。旅館和著名的太陽航海者非常近，離大教堂、主要的購物大街也不遠，地理位置算是不錯。

　　旅館的公共空間充滿了工業風的裝飾、書籍、家具家飾，有酒吧、餐廳、公共廚房，甚至還有一間非常酷的「理髮廳」，既前衛又時尚，不過房間內的擺設和設計較為普通，和公共空間的落差有點大。

❷ 西耶塔斯克精品旅舍 Héraðsskólinn Boutique Hostel

— **Info** —

訂房價格 ▶ TWD 6,068（四人房、含早餐）

Gps Points ▶ N64°12'49.4" W20°44'04.0"

　　旅館為於金圈正中央的勒伊加湖畔，前往金圈各大景點都很方便。旅館所在的建築物來頭不小，這棟建築可是由設計出哈爾格林姆教堂、阿克雷里大教堂的冰島國寶建築師 Guðjón Samúelsson 所設計建造的！原先這裡是一所學校，學校關閉後經過整建，成為了這棟美麗典雅的旅館。

　　旅館有著美麗優雅的公共空間、設備完善的公共廚房、提供餐點的咖啡廳。房型則包含可供多人入住的宿舍房、家庭房、包含浴室的套房等，在這裡住宿時我們住的是四人入住的宿舍房型，房間不大但佈置溫馨舒適，床鋪也非常柔軟好睡，是我在冰島最喜歡的住宿地點之一。

❸ 馬格馬酒店 Magma Hotel

┌─ Info ──────────────────────────────────┐
訂房價格 ▶ TWD 10,753（四人房、含早餐）

Gps Points ▶ N63°47'05.3" W18°00'53.8"
└───┘

馬格馬酒店位於教堂城鎮外，旅館房間是一棟棟
方方正正、位於湖畔的小屋，有著極具設計感的外觀。
房間的內部則佈置得雅緻又舒適，朝向湖畔的一側還
開了一整面的落地窗，讓房客能欣賞窗外的景色。旅
館的主棟樓則提供手工餅乾和咖啡讓房客自由取用。
旅館的早餐用餐地點也是在主棟樓的餐廳中，豐盛的
早餐份量十足、美味好吃。

❹ Seljavellir Guesthouse

┌─ Info ──────────────────────────────────┐
訂房價格 ▶ TWD 8,912（兩間雙人房、含早餐）

Gps Points ▶ N64°18'20.0" W15°12'28.8"
└───┘

旅館位於赫本鎮外，就在 1 號公路旁。旅館的外
觀設計是北歐風的極簡建築，房間內部簡單舒適，交
通便利、價格平實還附早餐，讓 Seljavellir Guesthouse
在網路有很高的評價，是赫本附近住宿的優質選擇
之一。

❺ Langahlid Seydisfirdi

Info

訂房價格 ▶ TWD 5,678（包棟木屋，不含早餐）

Gps Points ▶ N65°16'47.8" W14°00'06.4"

　　Langahlid Cottages 位在峽灣小鎮塞濟斯菲厄澤鎮外一處可以眺望峽灣和小鎮的山坡上，是一間視野良好、溫馨舒適的可愛小木屋。小屋擁有三個房間，可以睡 2 ～ 6 個人，擁有設備齊全的廚房，只要有充足的食材就能料理出豐盛的大餐，屋外的陽臺擁有溫泉浴池，可以邊泡湯邊欣賞峽灣美景。評價很高的 Langahlid Cottages 最大的缺點，我想應該是因為太過於熱門，經常被預訂一空吧！

❻ 拉夏酒店 Laxá Hótel

┌─ Info ─────────────────────────────────
訂房價格 ▶ TWD 4,408（雙人房含早餐）
Gps Points ▶ N65°34'25.0" W17°05'28.5"
└──

　　拉夏酒店位於米湖西南岸，是一間開幕不久的設計旅館。旅館有著極具設計感的外觀和室內設計，附設的餐廳提供的餐點也十分可口，豐盛美味的早餐更是令我魂牽夢縈（真的！），說得誇張點，第三次前往冰島有部分原因就是因為想再住一次拉夏酒店啊！過去拉夏酒店只有在夏季營業，這兩年來才在冬季對外開放，冬季的價格比旅遊旺季的夏季低上不少（夏季的價格幾乎是冬季的兩倍），想以較便宜的價格入住拉夏酒店，我想選在冬季前往冰島會是不錯的時間點。

❼ Sunnuhlíð Guesthouses

Info

訂房價格 ▶ TWD 8,704（四人公寓，不含早餐）

Gps Points ▶ N65°45'24.0" W18°04'20.5"

　　位於阿克雷里對岸山坡上的民宿 Sunnuhlíð Guesthouses 擁有兩種房型：三棟獨立的兩人雙層木屋，和主棟樓的兩間四人家庭房，民宿有著別具巧思的外觀，IKEA 樣品屋般的室內裝潢，佈置簡單住起來也很舒適。從民宿的所在之處就可以眺望對岸阿克雷里的市景，天氣好的夜晚在房門前就有機會看到極光。可惜我們入住的當晚強風大作，讓我們無緣見到極光美景，實在頗為遺憾。

❽ 赫斯塔休閒小屋 Hestasport Cottages

Info

訂房價格 ▶ TWD 4,968（兩人獨棟木屋，不含早餐）

訂房價格 ▶ TWD 8,127（四人獨棟木屋，不含早餐）

辦公室 **Gps Points** ▶ N65°32'44.7" W19°26'19.7"

小木屋 **Gps Points** ▶ N65°32'56.9" W19°27'14.8"

這家位於離阿克雷里近 100 公里的溫泉小鎮
Varmahlíð 鎮外，前往民宿的過程就像尋寶般的有趣，
房客必須先前往位於 Varmahlíð 鎮上的民宿辦公室拿鑰
匙和地圖，根據地圖的引導，開到山上尋找小屋的所在
地。民宿總共擁有六棟小木屋，其中兩棟較大木屋可供
四人以上的房客入住，其餘的四棟木屋則適合兩人入
住。在六棟小木屋的正中央則有一座溫泉浴池，可以讓
房客邊泡湯邊欣賞天上的繁星或是極光。

這間民宿我住過兩次（可見得我對這兒有多激
賞），兩人入住的小木屋和可供四人以上入住的「大
木屋」都有住過，兩種房型風格相同，佈置也很類似，
都有著配備齊全的廚房、溫馨舒適的餐廳空間和舒服好
睡的床鋪。比較不同的是較大的木屋是雙層的，空間
也比小木屋大上許多。赫斯塔休閒小屋所在之處幾乎沒
有光害，在極光季節天氣好的日子裡有很高的機會看到
極光，記得第一次住在這兒時我就在極光伴隨下沈沈睡
去，度過了難忘的一晚。

➒ 比雅閣公寓 Bjarg Apartments

Info

訂房價格 ▶ TWD 15,199（兩晚，四人整棟民宿，不含早餐）

Gps Points ▶ N64°55'22.7"　W23°15'17.9"

　　雖說名稱是「公寓」，但這棟比雅閣公寓其實是一整棟出租的民宿，民宿位於教堂山山腳下的格倫達菲厄澤，位於主要道路旁的這間民宿鵝黃色的外觀非常吸睛，一看就知道我們的住宿處到了。民宿共有上下兩層，因為地勢較低的關係從正門口進來的地方是民宿的上層。上層的空間有寬廣的客廳和餐廳，還有一間設備齊全、應有盡有的廚房，這間廚房讓旅伴「廚神」大人愛不釋手，一進民宿就待在裡面準備晚餐幾乎走不出來也不想出來。上層還有一間雙人臥室和一間廁所。從玄關旁的樓梯走下樓，一間溫馨舒適、兩張單人床的房間映入眼簾，下層的小房間後方則是寬敞的洗衣間。寬敞舒適、佈置溫馨價格平實的比雅閣公寓是我在冰島住過最喜歡的民宿之一。

民生購物指南：
購物、超市、加油、郵局、退稅、民生消費全攻略

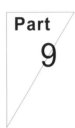

Part
9

1 冰島的超市

小豬超市 Bonus

　　有著鮮黃的企業識別色調和一隻可愛的粉紅豬標誌，「小豬超市」Bonus 是冰島最有名的連鎖超市，超市本身就可以被視為一個來冰島必訪的「景點」。Bonus 擁有許多自有品牌的商品，確保商品有高品質和低價格，號稱是「冰島最便宜的超市」。Bonus 在全冰島擁有 32 間的分店，主要分布於大雷克雅維克區，另外在塞爾福斯 Selfoss、北部第二大城阿克雷里、斯蒂基斯霍爾米 Stykkishólmur 和東部大城埃伊爾斯塔濟 Egilsstaðir 也有分店。

Info
營業時間：星期一～四 11:00~18:30、星期五 10:00~19:30
　　　　　星期六 10:00~18:00、週日 12:00~18:00
網站：https://bonus.is/en/

笑臉超市 Krónan

　　商標上標準字中有個大大笑臉圖案的 Krónan 在冰島共有 20 間的分店，分店數量雖多不過和 Bonus 一樣大多位於大雷克雅維克區域中，遊客最常利用的分店應該是南部維克鎮外的 Krónan 大型分店「Kr. Vík」。Krónan 的物品價格比 Bonus 稍高，但物品種類多了不少，可立即食用的熟食區是我去過的冰島超市中最具規模的。商品種類多、價格上也不會和 Bonus 相差太遠的 Krónan 超市，是我最喜歡的冰島超市。

Info

營業時間：標準營業時間是 09:00~21:00（不過每間分店營業時間不盡相同，另外部分分店夏季和冬季營業時間也不一樣，前往購物前請先上官網確認營業時間。）
網站：https://kronan.is/english/

Nettó

　　Nettó 在冰島全國有 15 間的分店，大部分位於大雷克雅維克區域（沒有意外），另外在阿克雷里、赫本 Höfn、塞爾福斯、伊薩菲厄澤 Ísafjörður、埃伊爾斯塔濟這幾個環島的重要住宿城市也都有分店。Nettó 除了販售食品外還販賣許多生活用品，簡單來說就是一間「結合了特力屋的超級市場」，商品的價格比 Bonus 稍貴。

Info

營業時間：標準營業時間是 10:00~19:00（不過每間分店營業時間不盡相同，另外兩間分店是 24 小時營業的，前往購物前請先上官網確認該分店的營業時間。）
網站：http://www.netto.is/Verslanir/

Samkaup Strax

Samkaup Strax 和其他連鎖超市不同，大多數的分店位於小鎮上，有些則是加油站附設的商店。幾個深受遊客喜愛的住宿點，如金圈中的勒伊加湖、峽灣小鎮塞濟斯菲厄澤鎮、米湖的雷恰利茲 Reykjahlíð、教堂山山下的格倫達菲厄澤都能看到 Samkaup Strax 的身影，是這些小鎮唯一能夠補給物資的地方，堪稱綠洲般的存在。價格上當然比 Bonus、Krónan 等超市來得貴，生鮮食品的數量也少得多，不過因為也沒有其他選擇，還能怎麼辦呢？

Info
營業時間：週一～週五 9:00~19:00、週六 10:00~19:00、週日 11:00~18:00
（每間分店營業時間不盡相同，前往購物前請先上官網確認該分店的營業時間。）
網站：http://www.samkaupstrax.is/

10-11

號稱冰島最貴的超市，商品的價格甚至可達別間超市的兩倍，實在狂。不過 10-11 只有在大雷克雅維區和機場所在的西南區附近有分店，這一帶超市的選擇很多，所以大家不用擔心。另外 10-11 雖然比較貴，卻很有可能會是您在冰島消費的第一間超市喔！因為一出關後就能在右手側看到一間 10-11 門市，廣受好評的冰島上網解決方案 Siminn 的 SIM 卡在這裡就可以購買了（Siminn 的價格是固定的，即便是在 10-11 買也不用擔心買貴了）。

Info　網站：https://10-11.is/en/

好市多 Costco

　　冰島的 Costco 自從 2017 年 5 月開幕後迅速成為當地人購物的第一選擇，冰島的 Costco 不但商品多元豐富，價格也比冰島的許多超市便宜，還提供和臺灣 Costco 一樣的熱食區和用餐區，甚至還有藥局和加油站（油價還是冰島最低的），冰島 Costco 的開幕堪稱冰島的「消費革命」，全冰島有超過 10% 的人擁有會員卡，還有人提議將開幕的 5 月 23 日訂為國定假日呢！Costco 的會員卡可全世界通用，因此在臺灣有申辦會員卡的的朋友出發前不要忘了把會員卡帶去冰島喔！

Info　營業時間：週一～週五 10:00~21:00　週六 09:30~20:30、週日 10:00~18:00

2 國營酒類專賣店 Vínbúðin

　　前兩次去冰島的時候在超市中始終找不到啤酒的身影（餐廳倒是有提供），心中實在納悶不已，到底冰島的啤酒和其他酒類要去哪裡買呢？這個疑問就像一朵飄在我心中的小烏雲如影隨形，讓我一回到臺灣立刻研究起冰島的「喝酒歷史」來。

　　原來以前在天氣寒冷的冰島，怕居民為了抵抗嚴寒喝太多酒，因此冰島政府在 1915 年下了禁酒令，而後雖然在 1933 年放寬了限制，但最受歡迎的啤酒還是被禁止，原因在於冰島的「統獨問題」。20 世紀初冰島是被丹麥統治，而丹麥的啤酒非常有名，冰島人為了要「精神抵抗」丹麥政府所以禁喝啤酒。1944 年冰島脫離丹麥獨立後不再需要精神抵抗丹麥政府，但

因為啤酒是便宜好喝的酒類，怕開放啤酒後大家會不知節制的狂飲啤酒，因此冰島政府決定禁喝啤酒，經過漫長的等待，1989 年 3 月 1 日才被廢止了這項禁令。

　　冰島的禁酒令取消後買酒也不是完全自由的，相較於世界上其他國家到處都可以買得到酒，冰島政府規定只有國營酒類專賣店「Vínbúðin」可以販售酒類。在超市中只能買到酒精 % 數極低的淡啤酒。Vínbúðin 在冰島全國有 50 間的分店，只要稍具規模的城鎮就能看到 Vínbúðin 的身影。

　　不過在冰島買酒最好的地方不是 Vínbúðin，而是冰島機場的免稅店 DutyFree，坐飛機抵達冰島機場、出第一道關門後立刻就可以看到這間免稅店，這裡販售的各種酒類比 Vínbúðin 便宜，因此經常可以看到旅客、冰島當地人甚至穿著制服的機長、空姐狂買各種酒類的奇景。這間 DutyFree 位於機場當中，入境冰島後就不能再進來買了，所以愛喝酒的人可以多買一些喔！

> Info
> 營業時間：營業時間每間分店不一，通常是在中午開始營業、16:00 前打烊（有些分店甚至只到 14:00 點）
> 網站：https://www.vinbudin.is/english/

3 知名連鎖店

連鎖書店 Penninn Eymundsson

　　Penninn Eymundsson 是冰島知名的連鎖書店之一，在冰島全國共有 19

間的分店，除了雷克雅維克市區外在第二大城阿克雷里、賞鯨小鎮胡薩維克 Husavik、西峽灣首府伊薩菲厄澤、機場出境大廳都有分店。店中除了書籍雜誌外還有文具和生活用品的販售，另外還有許多紀念品、明信片可供選購，甚至還有傢俱和旅行用品，是個好逛好買的地方。

Info　營業時間：每間分店營業時間不同，部分店家週日不營業。
網站：https://www.penninn.is/verslanir

ICEWEAR

1984 年成立的在冰島成立的戶外運動品牌 ICEWEAR 現在在 13 個國家都有分店，成為國際知名的品牌。ICEWEAR 商品眾多，從羊毛襪、手套、毛衣、防水外套到專業的登山健行裝備都有，甚至還有紀念品、明信片可供選購。比起冰島其他國民品牌（如 66°N）ICEWEAR 在價格上算是相當平價的，如果到了冰島後發現準備的禦寒衣物不夠用，那麼前往 ICEWEAR 採購會是一個不錯的選擇。

ICEWEAR 在冰島的九家分店主要位於大雷克雅維克地區，其中位於 Faxafen 街區的是 ICEWEAR 的 Outlet，另外在阿克雷里和維克鎮也有分店，特別是維克鎮外新開幕的 ICEWEAR 暢貨中心 Store & Factory 非常受到遊客的歡迎，這裡也是我推薦環島途中一定要進去逛逛的地方。

Info　店舖營業時間：週一～三 09:00~21:00、週四～六 09:00~22:00
（每間分店營業時間不盡相同。）
維克鎮暢貨中心：週一～日 08:00~21:00

66°N 是冰島最知名的國民品牌，在冰島全國有 9 間分店，主要分布於雷克雅維克和阿克雷里兩座城市。66°N 不論設計、品質和保暖性、機能性都是一流，據說每個冰島人都擁有至少一件的 66°N。高品質的 66°N 售價也頗為昂貴，一件具有防水保暖機能的外套售價經常達臺幣 20,000 元以上，如果想要以較便宜的價格入手 66°N，可以前往 Skeifan 街區的「66°N Factory Outlet」淘寶，另外在冰島機場離境大廳也有 66°N 的免稅商店。

Info 營業時間：每間分店營業時間不同。
網站：https://www.66north.com/stores/stores-in-iceland/

4 加油站

冰島的連鎖加油站很多，最著名、數量最多的是 N1 加油站，N1 在許多偏遠的地方都有設點，另外還有 Olis、Orkan、Orkan X、Olis 等加油站，在 Costco 也能加油。數量最多的 N1 油價通常也是最貴的，不過和其他加油站的價差不大，每公升相差幾塊冰島克朗，據說 Costco 的的油價最便宜，約其他加油站的八折左右。我覺得其實油價都大同小異，不會相差太多。很多地方就只有一個加油站，都沒有油了那幾塊克朗的價差還要管它嗎？Costco 的油價最便宜也是假議題，因為冰島也只有一間 Costco 啊……。

但如果是擁有眾多加油站的地方就可以稍微比價一下了。冰島的加油站經營者應該都是聚集經濟的信徒，較大型的市鎮中加油站都會聚集在一起，每間加油站外都會顯示當天的價格，價格一目瞭然，加油前稍

微繞一圈，再選擇最便宜的加油站去加油吧！

5 明信片和郵資

冰島的明信片從加油站附設的商店、紀念品店、超市到國家公園的服務中心都能買到，價格從 ISK 89 到 ISK 300 不等，通常有賣明信片的地方也能買到郵票，寄到國外的郵票分為「歐盟內」和「歐盟外」兩種，在郵局購買寄到臺灣、香港的國際郵票價格是 ISK 285。

6 冰島稅率與退稅

在冰島購物時所有的商品會有 24% 的標準增值稅，而食品和書籍的稅率則是 11%，一次購買超過 ISK 6,000 就可以退稅。在店家購買物品超過 ISK 6,000 時請和店家說「tax free」並出示護照（通常店家會主動詢問），店家會將發票、退稅申請表等相關單據釘在一起並放入信封中。在冰島的凱夫拉維克機場 Keflavik Airport 和雷克雅維克機場 Reykjavik Airport 都可以申請退稅，在 check in 前先前往退稅櫃臺填好退稅單、出示發票和護照即可，非常的簡單。

一般來說冰島的退稅是採用信用卡退費，將錢退到信用卡中。冰島退稅主要分為 Global Blue 和 Tax Free Worldwide 兩間公司，Global Blue 的退稅速度較快，通常一個月內就會收到，而 Tax Free Worldwide 的速度很慢，網路上看到有人三個月後才收到退稅。

7 特殊伴手禮

以下介紹的冰島紀念品幾乎全部都可以在冰島機場通關後的免稅店買到，因此建議大家可以先在冰島境內的超市、紀念品店買少量試用，覺得滿意後搭機前再到機場免稅店採購。

❶ 冰島毛衣 Lopapeysa（「Lopi」毛衣，羅比毛衣）

冰島毛衣 Lopapeysa 在頸部的位置有一圈以冰島地貌、動物和自然景觀為發想的複雜花紋裝飾，具有強烈的在地風格，辨識度非常的高。在冰島 Lopapeysa 常被稱為「Lopi」毛衣，Lopi 是冰島羊毛毛線的意思，冰島羊毛具有雙層結構，外層防水抗風、內層細軟保暖，由這麼優質的冰島羊毛編織而成的 Lopi 毛衣品質之高自不在話下。

在冰島的紀念品店、遊客中心甚至超市都能買到 Lopi 毛衣，價格從 ISK 10,000 到 ISK 30,000 不等。近年來冰島有不少服飾品牌採用海外代工，有些 Lopi 毛衣材料可能已經不是冰島羊的羊毛，購買時務必注意產地，以確保商品品質。

❷ Skyr 優格

Skyr 優格是冰島的國民食品，到處都能看到 Skyr 的身影。Skyr 的口味非常多樣，從原味、香草和各式水果都有，我吃過的每一種都很好吃，是在冰島必吃的名物，價格上則在 ISK 153 ～ ISK 185 之間。

❸ 黑死酒 Brennivín

Brennivín 又名黑死病，是以穀物、馬鈴薯加入香菜調味的蒸餾酒，酒精濃度在 37.5% ～ 40% 之間，黑死酒以其強烈香菜味聞名，是冰島最具代表性的酒類。可以在冰島機場免稅店、國營酒類專賣店 Vínbúðin 買到 Brennivín。推薦在機場的免稅商店購買，一瓶玻璃瓶裝的黑死酒在機場的售價是 ISK 2,190。另外還有便宜小型塑膠瓶裝的版本可供選購。

❹ 甘草糖 LAKKRÍS

甘草糖是許多歐洲人的最愛，但可怕的八角味卻讓許多亞洲遊客避之唯恐不及。冰島的超市裡有種類多樣的甘草糖，其中這系列以馬糞、Puffin 蛋、火山熔岩和黑沙灘石頭為主題，造型非常有趣的甘草糖最受觀光客的歡迎！是非常有人氣的伴手禮。在冰島的紀念品店、遊客中心或是書店中都能買到，價格是 ISK 850 左右。

❺ 保險套 ENJOY OUR NATURE

這款以冰島的奇岩、間歇泉、火山噴發和北極光等代表「堅挺」、「威猛」的自然現象作為包裝主題的保險套，是冰島設計公司「Reykjavik Corner Store」的產品，包裝非常有趣！非常適合當作饋贈親友、男友的伴手禮，可說是送禮自由兩相宜。在冰島的遊客中心、紀念品中都能買到這項有趣的商品，價格約 ISK 990。

❻ Icelandic Glacial 冰島礦泉水

冰島是世界上水質最好的國家之一，在冰島打開水龍頭所喝到的水基本上就和礦泉水差不多了，不過如果您想品嚐取自冰川中的天然水，那 Icelandic Glacial 的礦泉水是您的絕佳選擇。Icelandic Glacial 的水源來自 5,000 年前形成的冰川源頭 Ölfus Spring，是純淨無污染的天然水。在冰島超市、紀念品中心和機場都能買到 Icelandic Glacial。

❼ Einstök Beer

Einstök 是一間位於冰島北部大城阿克雷里附近的啤酒廠，這間啤酒廠離北極圈只有 60 公里，是世界位置最北的啤酒廠。啤酒廠的釀造用水取自於史前的天然冰川，品質之高自不在話下。

❽ Blue Lagoon 藍湖保養品

藍湖溫泉的沈積物「矽泥」和「矽藻」具有治療皮膚和美白的功效，因此還成立了化妝品牌「Blue Lagoon」，販售以矽泥和矽藻等礦物質為原料製造的各種化妝品和保養品。在藍湖溫泉和機場等地都能買到「Blue Lagoon」的化妝品和保養品。

❾ 火山鹽 SALTVERK

SALTVERK 是出自西峽灣、利用地熱製作的天然鹽品牌，具有純淨自然的風味，另外還有加入了百里香、煙燻樺木或是甘草、微量火山熔岩製作的調味鹽，能引出食物原本的美味並增添更多的風味。價格上則是 ISK 1,350（機場價格）。

❿ 巧克力 Traditional Icelandic Chocolate

　　Traditional Icelandic Chocolate 是冰島的老牌巧克力，口味非常多樣，包裝則以冰島的自然美景為主題，非常適合當作饋贈親友的伴手禮。在冰島的超市、紀念品店和機場都能買到 Traditional Icelandic Chocolate，價格則在 ISK 380 ～ ISK 500 之間。

⓫ Kókómjólk 巧克力牛奶

　　Kókómjólk 這一款卡通包裝的巧克力牛奶深獲冰島全國國民熱愛，是老少通吃的國民飲品。喝起來其實就是巧克力牛奶，我個人是覺得沒有什麼特別的地方。250ml 包裝的 Kókómjólk 價格在 ISK 107 ～ ISK 249 之間。

凱夫拉維克國際機場
介紹和交通

1 入境

　　去了那麼多國家，還真的想不到有比入境冰島更容易的地方了！由於大部分的人前往冰島都是在歐洲轉機，而由歐盟入境的旅客不需要通過海關審查就可以入境冰島。下了飛機後沿著長長的走道一路往前走，下了樓後通過一道自動感應的玻璃門（只出不進，東西可別忘了）後就抵達提領行李的地方。

　　在這裡能看到一間巨大的 DutyFree，喜歡喝酒的朋友千萬要記得在這裡大量採購酒類！出關之後就只能在國營酒類專賣店 Vínbúðin 以較高的價格買酒了。提完行李後走出第二道自動門，就正式踏上了冰島的國土。

　　出關後正前方是 Gray Line 和 Reykjavik Excursions 的櫃臺，預定巴士要前往雷克雅維克或是藍湖溫泉的朋友向櫃檯出示購票證明後，就可以從右側的出口前往乘車處搭車。右手側則是一間 10-11 商店，這裡有簡單的

熱食、飲料，也可以買到 Siminn 電信公司的上網 SIM 卡。出租車公司的櫃檯位於入境大廳的兩側，如果出租車公司沒有在機場設立櫃檯的話，會由公司的工作人員拿著牌子在入境大廳等待。如果要換錢的話機場內的銀行「Arion Bank」則在入境後的左手側。

2 出境

出境和入境一樣非常簡單，到機場後請先辦好退稅（退稅櫃臺在入境大廳的左側，銀行 Arion Bank 附近），接著找到要搭乘的航空公司櫃臺後先在自助登機機報到、印登機證。印好登機證後如果需要託運行李的旅客再排隊前往航空公司櫃檯辦理託運（一定要先到機器前辦好登機手續喔！排隊時會有人檢查）。託運完畢後進入安檢區域，安檢完畢後就進入了機場的出境大廳。沒錯！和入境時，一樣如果前往的是歐盟國家一樣不需要經過海關。

出境大廳有販售酒類、食品、化妝品的免稅店、紀念品店和書店，商品又多又齊全，建議大家在冰島旅行時其實可以不用先買紀念品或是伴手禮，搭機前在出境大廳買齊就可以了。另外出境大廳內的連鎖書店「Penninn Eymundsson」有販售郵票和明信片，大廳內也有郵筒，是補寄明信片的最後機會。

3 機場交通

機場往返雷克雅維克

從凱夫拉維克機場往返雷克雅維克，Reykjavik Excursions 公司的 Flybus 是最受歡迎的解決方案。Flybus 有兩種價格，一種是搭乘巴士前往雷克雅維克 BSI 巴士總站 BSI bus terminal 的「flybus」（ISK 2,950），另一種則是抵達 BSI 巴士總站後再由小型巴士接送前往旅館或是旅館附近的「flybus+」（ISK 3,950）。從機場開往雷克雅維克市區的巴士會配合飛機的航班，不論什麼時候抵達都有巴士可搭前往雷克雅維克。機場到雷克雅維克的乘車時間單程約 45 分鐘。

▲ BSI 巴士總站

▲ 從機場往藍湖溫泉的巴士。

而從市區前往機場的巴士則是從每天的凌晨 02:30 開始到 21:30 為止、每 30 分鐘一班。一樣分為從 BSI 巴士總站 BSI bus terminal 出發的「flybus」和先由小巴士在旅館或旅館附近接送（pick up）至 BSI 巴士總站後，再搭乘大巴士前往凱夫拉維克機場的「flybus+」，行前記得要事先上網預訂車票並把購買證明印出來，抵達冰島時在入境大廳向 Reykjavik Excursions 櫃檯出示車票，再依照工作人員的指示搭車即可。要從雷克雅維克回到機場，預定「flybus+」的朋友，請於指定接送時間在飯店門口等小巴士（小巴士 pick up 的時間，是開往機場巴士發車前的 30 分鐘）。

▲ 從藍湖溫泉往雷克雅維克的巴士。

▲ 從總站往旅館的接駁小巴士。

Info　Reykjavik Excursions 預訂網站：https://www.re.is/flybus/

機場前往藍湖溫泉 Blue Lagoon

藍湖溫泉 Blue Lagoon 就位於機場附近，從機場前往藍湖溫泉可搭乘 Reykjavik Excursions 公司的「Airport - Blue Lagoon」路線，每天從早上 06:30 開始到 17:30 每隔 1 小時就有一班由機場開往藍湖溫泉的巴士（06:30、09:30、10:30 和 12:30 這幾個時段只有在夏季運行），票價是 ISK 4,990，包含從藍湖溫泉返回機場或是繼續前往雷克雅維克的費用，意思是泡完藍湖溫泉後可利用同一張車票回到機場或是前往雷克雅維克，但不包含「藍湖溫泉」入場費用。

Airport - Blue Lagoon 預訂網站：
https://www.re.is/day-tours/airport-to-blue-lagoon-no-entry
也可透過 Guide to Iceland 預定（價格較低）：
http://cn.guidetoiceland.is/book-holiday-trips/blue-lagoon-from-keflavik-airport
Reykjavik to the Blue Lagoon：https://www.re.is/day-tours/blue-lagoon-no-entry/

4 機場過夜

冰島機場沒有任何可平躺的椅子，加上禁止倒臥在地板上休息，因此非常不適合過夜。如果要搭乘第二天一大早的飛機，必須前一天就抵達機場的朋友建議您住在機場附近、有提供機場接送服務的旅館。

Chapter
3
冰島景點

西南區
景點

Wuðborgarsvæ

1

藍湖溫泉
Blue Lagoon

藍湖溫泉可說是冰島最受歡迎、最具代表性的景點，前往冰島旅遊沒去藍湖溫泉？那你根本不算是去過冰島嘛！但這知名的溫泉其實是個人工產物喔！1976 年時在現在的藍湖溫泉旁興建了一座名為「Svartsengi」的地熱發電站，發電站抽取海水並利用地下熔岩加熱水來發電，用過的熱水就被排放一旁的儲存池「Blue Lagoon」內。這些泉水含有豐富的礦物質，具有治療皮膚和美白的功效，1981 年起開始有人在 Blue Lagoon 浸泡這些溫泉水，當局注意到了商機，1992 年藍湖溫泉正式完工並對外開放，如今已成為冰島代表性的國寶景點。冰島旅遊熱潮使得拜訪藍湖溫泉的旅人越來越多，因此自 2015 年起藍湖溫泉的門票銷售改採事前預約的方式，計畫前往藍湖溫泉的朋友務必事先線上預約。

進入藍湖溫泉、向櫃檯出示訂票證明後工作人員會遞交一個「感應手環」，它不但是入場的門票、還是寄物櫃的鑰匙，在溫泉內餐廳、酒吧的消費也會被記錄在手環內，等到出場時再付款。要提醒大家藍湖溫泉的名物「Silica Mud Mask」（矽泥面膜）雖然對於美白護膚甚有療效，但卻非常傷頭髮喔！用矽泥面膜請特別注意儘量不要碰到頭髮，以免髮質遭受損傷。

◀ 感應手環：可使用於入場門票、寄物櫃鑰匙、用餐消費。

藍湖溫泉的門票方案：

方案	費用	票券內容
Comfort	ISK 6,990 ～ 9,990	包含藍湖溫泉的入場費用、使用 Silica Mud Mask（矽泥面膜）、毛巾和一杯免費飲料。
Premium	ISK 9,990 ～ 12,990	除了「Comfort」包含的內容外，另外可以使用 Algae Mask（矽藻面膜）、浴袍、拖鞋、可預約 LAVA 餐廳、在 LAVA 用餐可獲得一杯免費的氣泡酒。
Luxury	ISK 53,000	除了「Comfort」所包含的內容外，另外還可以使用專屬私人休息室 3 小時、私人更衣室、專屬服務人員和試用藍湖溫泉護膚產品。

❶ 原先藍湖溫泉還有個較便宜的入場方案「Standard」，但從 2018 年 2 月起更改了制度，現在「Standard」已經被取消了。

❶ 「Comfort」和「Premium」兩種方案價格會因為時段而調整，晚上或是冬日晨間等光線不佳的時間是最便宜的時段。

營業時間：
1/1 ～ 3/24　08:00~22:00
3/25 ～ 6/28　07:00~23:00
6/29 ～ 8/19　07:00~00:00
8/20 ～ 10/1　08:00~22:00
10/2 ～ 12/31 08:00~21:00
（12/21 ～ 1/1 聖誕新年假期營業時間和平日不同，詳情請上官網查閱）

預約網址：https://www.bluelagoon.com/
Gps Points：N63°52'54.4" W22°27'13.4"

交通方式：
可自駕或搭乘 Reykjavik excursions 巴士（機場或雷克雅維克往返藍湖溫泉）

● 機場前往藍湖溫泉（Airport ～ Blue Lagoon）：
Reykjavik excursions 官方網站預訂（來回 ISK 4,990，不含門票）：
https://www.re.is/day~tours/airport~to~blue~lagoon~no~entry
透過 Guide to Iceland 預定（價格較低）
http://cn.guidetoiceland.is/book~holiday~trips/blue~lagoon~from~keflavik~airport

● 雷克雅維克往返藍湖溫泉：
Reykjavik excursions 官方網站預訂（來回 ISK 4,990，不含門票）：
https://www.re.is/day~tours/blue~lagoon~no~entry/

2
藍湖溫泉旅館
Silica Hotel

藍湖溫泉附屬旅館 Silica Hotel 就位於藍湖溫泉附近，房客有專屬的溫泉浴池，在入住的時間內可以不限次數浸泡溫泉，如果泡膩了、也可以前往附近的藍湖溫泉主溫泉區，體驗平民們人擠人泡溫泉的滋味。而 Silica Hotel 的房間也不含糊，擁有寬敞的空間、溫暖舒適的床鋪和專屬陽臺，打開窗戶就能看到冰島特有的火山熔岩景觀，客房還有「Northern Lights Wake Up Call」（北極光叫床 Call），會在極光出現時通知房客起床觀賞，除此之外旅館的早餐也非常豐盛好吃，實在無可挑剔。

這麼好這麼棒的旅館就是價格這點不理想，2017 年入住時雙人房已經是 ISK 59,600 的高價，到了 2018 年雙人房的房價更漲價至 ISK 64,000 以上、漲幅非常驚人，想入住 Silica Hotel 得加快腳步了，以免房價更加高不可攀啊！

Info

預約網址：https://www.bluelagoon.com/blue~lagoon~spa/accommodation/
Gps Points：N63°52'51.3" W22°26'31.3"

雷克雅維克
景點

Höfuðborgarsvæðið

　　冰島的首都「雷克雅維克」是世界上最小的首都之一，西元 870 年一位維京人定居於此開始了城市的歷史，但直到 1750 年起雷市才逐漸變成人口較聚集的地區。雷市市區範圍不大，除了海岸附近一整排的高級公寓大樓外市區建築大多屬於低矮的老式樓房，初到冰島的朋友一定會對這些「鐵皮屋」感到驚訝，會有這種特殊的建築方式原因來自 1915 年的一場大火，當時許多舊城區的木造建築物因大火而燒毀，在重建城市時為了防火的需要、也為了抵擋風雪的侵襲，就採用了這種「鐵皮包木頭」的建築方式興建樓房，也形成雷市特有的城市景觀。

1

太陽航海者
The Sun Voyager

太陽航海者（冰島語 Sólfarið）位於雷克雅維克市區的海岸邊，是雷克雅維克市為了慶祝城市建立 200 週年而興建的雕塑作品，由冰島藝術家 JónGunnar 所創作，創作理念為紀念冰島人的祖先搭船乘風破浪、在北大西洋發現冰島這塊土地的歷史。

許多人會誤以為它是一艘海盜船，但事實上應該是一艘象徵冰島先民們勇於冒險、乘載希望的「夢幻船」。而又因為創作者製作完畢後不久就過世的關係，也有人認為它的創作理念其實是一艘跨越陰陽兩界間的「冥河之船」。

現在的太陽航海者已經成為雷市最具代表性的觀光景點，不論何時前往都能看到滿滿的觀光人潮，想拍一張與太陽航海者共舞，沒他人入鏡的合照可說是難上加難阿！

Info
Gps Points：N64°08'51.5" W21°55'20.2"

2

哈帕音樂廳
Harpa

哈帕音樂廳完工於 2011 年，原先這裡是雷克雅維克龐大區域開發計畫中的一環，但因為遇到冰島 2008 年的金融危機，計畫案整個擱置，最終只有哈帕順利完工。

哈帕的設計者為丹麥的建築公司 Henning Larsen Architects 和冰島藝術家 Olafur Eliasson，建築採用了大量鋼架組成的幾何圖形並覆蓋上大片玻璃帷幕，讓哈帕有獨特且頗具設計感的外觀，也讓建築物本身成為一座巨大的現代藝術作品。

雖然說它是一座專供欣賞演出的音樂廳，不過音樂廳中也有設計精品商店、咖啡廳等公共空間，一般遊客也可以進入參觀。進入哈帕參觀無疑是場「光的盛宴」，白天光線透過不同角度的玻璃帷幕進入室內空間，不同的區域就有著不同的光影，是個非常好拍、很適合網美的地方。晚上則更加璀璨，夜間玻璃帷幕上演了五光十色、變化多端的光雕秀，是個攝影愛好者絕不能錯過的拍攝景點，運氣好的話，還能看到極光女神與哈帕合演的即興演出喔！推薦晚上來哈帕，晚上比白天更美。

Info ────────────────────────────

參觀時間：08:00~24:00

Gps Points：N64°09'01.4" W21°55'58.5"

3

哈爾格林姆教堂
Hallgrimskirkja

哈爾格林姆教堂是雷市的地標，名稱來自冰島的詩人和牧師 Hallgrímur Pétursson。教堂由冰島建築師 GuðjónSamúelsson 設計，在 1945 年開始建造。建造的工程整整進行了 41 年，完工後的教堂高度達 74.5 公尺，是冰島最大的教堂和第六高的建築物。

教堂外觀發想於冰島的自然地形，因此外觀有著冰島的玄武岩、冰川和高山的元素，因此也有人將這座教堂稱為「玄武岩教堂」。教堂前方的雕像是探險家 Leif Erikson，據傳他比哥倫布要早 500 年抵達北美洲。這座雕像是西元 1930 年美國送給冰島的禮物，因此雕像的歷史還早於大教堂。相較於雄壯的外觀，教堂內部的佈置十分現代簡單，除了龐大的管風琴之外並沒有太多值得一看的特色。

坐電梯登上教堂頂端的尖塔可以看到雷克雅維克的市區全景，冬天降雪時還能看到被大雪覆蓋著的雷市美景，非常值得一看。

Info

參觀時間：冬季（10 月～ 4 月）：09:00~17:00（塔樓到 16:30）
　　　　　夏季（3 月～ 9 月）：09:00~21:00（塔樓到 20:30）
　　　　　星期天的 10:30~12:15 會休息，另外會因不定期的活動暫停開放
參觀費用：教堂／免費；塔樓／成人 ISK 1,000，兒童 ISK 100（7~16 歲）
Gps Points：N63°52'51.3" W22°26'31.3"

4

托寧湖 Tjörnin

Tjörnin 的中文翻譯是「托寧湖」或是「特約寧湖」，原文意思則是「池塘」或是「湖泊」，湖是一座靠近海岸邊的潟湖，是雷市的發源地，最早的居民就是定居在托寧湖附近。現在的托寧湖四周有 Ráðhúsið 市政廳、博物館、美術館、教堂等，是重要的政治和文化中心。

托寧湖也是市內重要的休閒地點，人們經常在湖岸的人行步道散步、慢跑，平靜的湖面倒映著周遭建築物的湖光山色，讓托寧湖成為攝影的絕佳地點。這裡還是水鳥的聚集地，經常有 40 ～ 50 種水鳥生活在這個湖泊，因為人們經常以麵包餵食水鳥，湖面上常看見漂浮麵包的托寧湖還有「世界最大的麵包湯」之稱。每年冬季托寧湖的湖面經常會結凍，結凍的湖面成為滑冰等冰上運動的場地。

Info

Gps Points：N64°08'37.5" W21°56'31.3"

2

珍珠樓
Perlan

珍珠樓是在 1988 年建造，由建築師 Ingimundur Sveinsson 所設計、建造地點是在雷克雅維克市郊的 Oskjuhlid Hill 山上，珍珠樓抽取地下的熱水後將熱水儲存於其六個巨大的不鏽鋼水桶中，再藉由高低差引水到雷克雅維克市區內供市民使用，不過隨著科技的進步，新的供水設施建成之後珍珠樓失去它的用途，2017 年經過改建成為一處擁有觀景臺和餐廳的公眾設施，還有一間名為 Perlan Museum 的博物館，博物館的展出的內容包含了冰川、冰洞在內冰島雄偉壯麗的自然風光，另外館中還將成立冰島第一個天文館。

來到珍珠樓必定不能錯過頂樓的展望臺 Observation deck，從展望臺上可以看到雷市的全景，視野非常遼闊，特別推薦大家在黃昏時拜訪珍珠樓，魔幻時刻在珍珠樓觀景臺上看到的絕美景色肯定讓大家終生難忘。

Info

參觀時間：博物館、展望臺：09:00～19:00（最後入場 18:00）
咖啡廳營業時間：Kaffitár：9:00～23:00、ÚtííBláinn：11:30～22:00
參觀費用：成人 ISK 2,900、兒童 ISK 1,450（6～15 歲）
交通：自駕、每天免費巴士 09:00～17:30（從 Harpa 音樂廳開往珍珠樓方向）
Gps Points：N63°52'51.3" W22°26'31.3"

6

冰島陰莖博物館
The Icelandic Phallological Museum

冰島陰莖博物館的創始人 Sigurður Hjartarson 原先是一位老師和校長，他小時候無意間收到了一個公牛的陰莖，就開始了獨特的收藏之路，一開始的進度很緩慢，在他收集了 64 個陰莖標本後終於在 1997 年於雷市成立了這間博物館。2004 年博物館搬到冰島東北部、以賞鯨聞名的小鎮胡薩維克 Húsavík，2011 年再遷回雷市。在策展人的努力之下充實了博物館的展示內容，到訪博物館的遊客也顯著提升。如今的冰島陰莖博物館館藏囊括了冰島所有陸地、海洋哺乳動物和來自國外的陰莖標本，最狂的收藏我認為是一組冰島手球國家隊的「等尺寸陰莖模型」，這些長短不一的陰莖模型讓我忍不住為冰島國家隊猛男們的勇氣喝采鼓掌。

冰島陰莖博物館的商標設計得非常有趣、令人莞爾一笑，紀念品店中有許多以博物館的商標和陰莖為發想的創意商品，想贈送親友、惡整同事同學留下難忘回憶的朋友，千萬不要錯過了。館藏非常豐富的陰莖博物館，是個能讓從少女到大嬸都會一邊掩嘴偷笑、又一邊興味盎然觀賞館藏品的地方。

參觀時間：9 月～ 5 月：09:00~18:00，6 月～ 8 月：10:00~18:00

參觀費用：ISK 1,500

Gps Points：N64°08'35.0" W21°54'56.4"

7

海男爵
Sea Baron

位於雷市港邊的海男爵是當地的魚販 Kjartan Halldórsson 先生創立的餐廳，Sea Baron 正是他的綽號，某天顧客問他可不可以為他們烹調買好的魚鮮，他立刻去一旁的五金行買了燒烤架直接烤起魚，也開始了他的廚師生涯。店家的招牌龍蝦湯自稱世界最好喝，在網路的宣傳之下成為前往冰島的「必吃名物」。

店內的空間極為狹窄，更奇妙的是顧客幾乎全是來自中港臺的旅人。店內的一角有個陳列著眾多食材的冰櫃，餐點是採自助式，要吃什麼自己拿去櫃檯付錢，店家會代煮。招牌的龍蝦湯（約臺幣 400 元）則是向櫃檯直接點餐。

龍蝦湯會附上一籃麵包，湯中有三大塊龍蝦肉，龍蝦咬來十分彈牙有嚼勁，吃得出龍蝦的生猛有力，湯中加了類似香茅的香料，讓湯喝起來有幾分泰式料理的感覺。除了招牌龍蝦湯外我們還點了烤鮭魚、烤干貝和鯨魚肉來吃，每道菜味道都不錯，位於港邊的餐廳在食材的新鮮度來說確實沒話說。

Info

營業時間：11:30~22:00
Gps Points：N64°09'03.2" W21°56'38.5"

8

鎮上最好吃的熱狗
Bæjarins Beztu Pylsur

店名直譯意思是「鎮上最好吃的熱狗」，創立於 1937 年，在雷市共有四間熱狗攤位，以哈帕音樂廳附近的總店最有人氣。這間熱狗店因為 2004 年美國前總統柯林頓親身前往品嚐，和 2008 年被英國報紙《衛報》選為「歐洲最好吃的熱狗」而聞名。

招牌熱狗價格是 ISK 420，以冰島高昂的物價來說稱得上便宜實惠。熱狗以冰島盛產的羊肉製成，在點餐時店員還會詢問要加什麼配料，此時建議和店員說「All」全加。熱狗吃起來和想像中不同、並沒有很重的羊騷味，配上香脆的炸洋蔥和番茄醬、黃芥末醬一起食用還滿好吃的，去冰島時一定要去吃吃看。

◀ 冰島盛產的羊肉製成的熱狗。

Info

總店營業時間：週日～週四：10:00～ 翌日 02:00，週五、週六：10:00 ～ 翌日 04:30
Gps Points：N64°08'54.1" W21°56'17.7"

9

Brauð & Co.

這家麵包店以肉桂捲著稱，位於哈爾格林姆教堂附近，有著鮮艷顯眼的外觀，辨識度非常高。每天都湧進大量聞香而來的顧客，將店內擠得水泄不通，也因為生意實在太好，這裡的麵包沒辦法自己選好再拿去結帳，而是和在餐廳點餐一樣，先排隊點餐、付錢、再由另一側的出餐櫃臺將包裝好的麵包遞給顧客。

剛出爐的招牌肉桂捲（ISK 500）拿在手中還暖烘烘的，肉桂捲表皮酥脆、內部鬆軟，一口咬下滿口都是肉桂的香氣，甜而不膩的滋味很是好吃。旅伴很快的把肉桂捲吃光後芳心大喜，還立刻又去買了好幾個麵包呢！

◀ 剛出爐的招牌肉桂捲。

Info
- -

總店營業時間：週一～週五：08:00~18:00，週六、週日：08:00~17:00

Gps Points：N64°08'38.7" W21°55'33.7"

10

Myrin Mathus

Myrin 位於雷克雅維克市郊 BSI Reykjavik 巴士總站內，是一間可以吃到冰島傳統料理「羊臉」的餐廳。（羊臉是冰島地獄美食之一，請見 P.69）。在 Myrin 點好羊臉、肉丸等主菜後，可以在自助吧臺自由取用沙拉和飲料。在冰島超市生羊臉很常見，想嘗試冰島的地獄美食，但和我們一樣不知道如何親手料理羊臉、害怕不正確的料理方式會將「地獄美食」料理得更深入地心的朋友很推薦來這間餐廳嚐嚐鮮。

▲ 地獄美食「羊臉」。

▲ 像解剖般的羊頭骷髏慢慢出現。

Info

營業時間：週一～週五：07:30~21:00，週六、週日：06:00 ~21:00

Gps Points：N64°08'14.9" W21°56'06.2"

11

Icelandic Street Food

Icelandic Street Food 在著名的旅遊網站「tripadvisor」上是雷克雅維克排名第一的餐廳。位於托寧湖附近的這間餐廳有著極高的人氣，經常一位難求。餐廳招牌的是冰島著名料理「羊肉湯」（價格 ISK 1,490，以麵包碗盛裝則是 ISK 1,990）。裝在麵包碗中的羊肉湯羊肉吃來鮮嫩，也沒有什麼腥羶味，搭配上麵包一起食用十分對味。湯喝完後還可以續碗一次，因此只點碗羊肉湯也可以吃得很飽。

我個人認為這家店的服務比起食物本身更加厲害，店家非常親切有趣，會和每一位顧客聊天還會用顧客的母語打招呼，到訪時老闆還特別請全店的人品嚐冰島的地獄美食「醃鯊魚」，我想他的目的應該是欣賞顧客品嚐過後齜牙咧嘴的表情吧 ?!

◀ 裝在麵包碗的羊肉湯。

Info

營業時間：每日：08:00~23:00

Gps Points：N64°08'47.9" W21°56'16.8"

12

Alafoss Wool Store

Lopi 毛衣是前往冰島必買的紀念品之一，但因為人工工資額貴的關係，許多店家所販售的 Lopi 毛衣可能是來自冰島境外的輸入品，甚至羊毛本身也不是冰島羊的羊毛。不過這間位於雷克雅維克附近、Mosfellsbær 鎮上的羊毛專賣店「Alafoss Wool Store」可以買到由冰島人以當地羊毛親手編織的各式羊毛編織物，這裡的商品擁有高品質和實惠的價格，對冰島的 Lopi 毛衣和羊毛產品有興趣的朋友務必來這裡看看。

Info

營業時間：週一～週五：08:00~20:00，週六、週日：09:00~20:00
Gps Points：N64°09'59.5" W21°40'35.3"

南部區
景點

Suðurland

　　南部區是冰島景點最多最集中的區域，以著名的金圈三環：辛格韋德利國家公園、蓋錫爾間歇泉、古佛斯瀑布為首，以及許多知名景點，如果想要完整的遊歷南部區域大大小小的景點，在行程安排上至少需要五天四夜的時間才夠，時間不夠、只想去最知名景點的朋友最少也要有三天兩夜的時間。

1

辛格韋德利國家公園
Þingvellir

　　辛格韋德利國家公園位於最大的天然湖泊 Þingvallavatn 以北，中間有 Öxará 河流經，此處正好是歐亞板塊和北美板塊的交界處（事實上歐亞板塊和北美板塊交界處所形成的裂縫橫越整個冰島），以奇特的地形和地質結構聞名。

　　在停車場停好車、逛完遊客中心後可先到觀景臺眺望整座國家公園，觀景臺上可以看 Öxará 河對岸的白色教堂 Þingvellir Church 和四棟連在一起的白色平房，這些建築物和 Öxará 河是最能代表辛格韋德利的定番景色。展望臺一旁的步道就是歐亞板塊和北美板塊的交界處，步道入口處也是國家公園中兩大板塊彼此間相距最近的地方。

　　沿著步道往前進，右手邊一處有著冰島國旗在上方迎風飄揚的岩石正是法律石（Lögberg），西元 930 年冰島的自治議會在此成立，一直到西元 1262 年冰島被丹麥統治為止，都是冰島國會的所在地。步道的尾端通往一座隱藏於山坡上、小巧美麗的瀑布 Öxarárfoss。

Info

Gps Points：N64°15'21.7" W21°07'51.7"

2
蓋錫爾間歇泉
Geysir

蓋錫爾的冰島文「Geysir」是英文間歇泉「Geyser」的語源，本來可以噴發 70 公尺水柱（1845 年時甚至有 170 公尺的紀錄）因為頻繁的地震改變了地底的壓力，慢慢就不再噴發了。蓋錫爾間歇泉不再噴發的說法還有好幾種，如冰島政府為了慶祝國慶，把肥皂粉倒入蓋錫爾間歇泉，希望藉由外力刺激讓它噴發，或是遊客丟入太多石頭和泥沙，阻礙了出水口等。現在大家來看的，其實是在旁邊規模較小的史托克間歇泉 Strokkur。

史托克間歇泉最早的噴發紀錄出現在 1789 年，1815 年時曾經有噴發 60 公尺的紀錄，20 世紀後一連串的地震造成的地形改變讓史托克間歇泉不再噴發，直到 1963 年當局疏通地底被堵住的管道後噴泉才恢復噴發。現在的史托克間歇泉平均每 6 ～ 10 分鐘就會噴發一次，平均的高度是 15 ～ 20 公尺，最高則可達 40 公尺。

欣賞史托克間歇泉時請務必要站對位置，第一次前往時看到旅人們大多擠在間歇泉的右側，心裡還覺得奇怪大家幹嘛擠在一起啊？左邊不是很空嗎？等到間歇泉噴發後、淋得全身溼的我們才發現原來左側沒人站是有原因的啊⋯⋯。

Info

Gps Points：N64°18'34.7" W20°18'06.7"

3

古佛斯瀑布
Gullfoss

位於 Hvítá 河谷的古佛斯瀑布又被稱為黃金瀑布，是金圈三環之一。瀑布分為兩層，上層的瀑布高度約 11 公尺、下層的瀑布則有 20 公尺高，水勢盛大的古佛斯瀑布是瀑布王國冰島最知名的瀑布，甚至有「冰島瀑布之王」的美稱。

Hvítá 河強大的水流量引來了發電廠的覦覬，計畫在瀑布的上游興建一座發電廠，引水發電很可能會改變瀑布的外貌，因此引起了強烈的反對，其中以 Sigríður 女士最為激烈，她甚至威脅除非把她丟進古佛斯瀑布中、否則絕不允許在此興建發電廠，在各方人士的協助下發電廠的計畫取消了，現在在古佛斯瀑布旁有一座 Sigríður 女士的紀念碑，以彰顯她的貢獻。

古佛斯瀑布有上、下兩個觀景平臺，不想走路爬上爬下的話建議大家可以先前往下方的停車場，拍完照後再開往上方觀景臺停車場從上俯瞰古佛斯瀑布。夏季時遊客可以沿著步道走到離瀑布非常近的範圍內，不過冬季時這條步道會因為積雪而封閉，旅客只能在遠方欣賞壯觀的古佛斯瀑布。

Info

Gps Points：N64°19'30.1" W20°07'31.0"（下方停車場）
N64°19'31.0" W20°07'47.5"（上方停車場）

4

蒂芬尼藍瀑布
Bruarfoss

被稱為「私房景點」、「祕密景點」的蒂芬尼藍瀑布實際上所處位置一點也不祕密，蒂芬尼藍瀑布正好位於金圈三環辛格韋德利國家公園、蓋錫爾間歇泉和古佛斯瀑布的中間（比較靠近間歇泉），不過因為從主要道路前往蒂芬尼藍瀑布沒有明確的指標，加上 Google Maps 標示不清楚，因此還真的有點難找。

在 2017 年以前可以將車子開往 37 號公路附近的一處度假木屋區，再徒步十多分鐘前往蒂芬尼藍瀑布。不過因為過多的遊客影響了當地人的生活，因此現在這條路線已經被封起來了。現在要前往瀑布要先將車停在 Bruarfoss Waterfall Official Parking，再沿著河岸徒步 3 公里，經過兩座較小的瀑布後才能到達觀看瀑布的最佳眺望點 Bruarfoss Waterfall Access Bridge（瀑布前的木橋）。

本來只是很難找、但算容易到達的瀑布現在因為路程增加許多、讓困難度大大提高，不過還是非常推薦這個美麗的瀑布喔！相信我、即便您走得再累再辛苦，當親眼看到有著美麗顏色的瀑布，一切的辛苦都會飛到九霄雲外的！

━━ Info ━━

停車場 Gps Points：N64°14'25.1" W20°31'25.9"

最佳眺望點 Gps Points：N64°15'51.1" W20°30'55.8"

5

祕密溫泉
Secret Lagoon Hot Spring

位於熱門景區金圈內的祕密溫泉又被稱為「老游泳池」，建於 1891 年的祕密溫泉是冰島第一座游泳池。四周環海的冰島在 20 世紀前因為缺乏適當的訓練場所，因此幾乎沒有人會游泳，直到這座泳池的設立，冰島人才開始有系統的在各地建立游泳池並學習游泳。

在 1947 年附近一座新的游泳池建立後，這座泳池也慢慢被人遺忘，直到近年來改建、翻新了老舊的泳池，有了完善的設施加上獨特的苔蘚火山熔岩地形和一座小型的間歇泉，祕密溫泉再度成為目光的焦點、吸引了眾多的遊客專程到訪，是冰島著名的溫泉浴場和金圈內重要景點之一。

Info

營業時間：冬季（10 月 1 日～ 4 月 30 日）：11:00~20:00
　　　　　夏季（5 月 1 日～ 9 月 30 日）：10:00~22:00
票價：成人 ISK 2,800
Gps Points：N64°08'16.4" W20°18'34.7"

6 法溪瀑布
Faxi

法溪瀑布位於 35 號公路旁，離蓋錫爾間歇泉、古佛斯瀑布不遠。寬 80 公尺、高 7 公尺的法溪瀑布又有「小型古佛斯瀑布」之稱，這裡擁有豐富鮭魚群，是著名的垂釣地點。

Info ────────────────────▲

Gps Points：N64°13'35.8" W20°20'12.6"

Info ────────────────────▶

營業時間：12:00~16:00（無休）
Gps Points：N64°10'39.4" W20°26'41.6"

7 番茄農場
Friðheimar

番茄農場是一間以溫室培育番茄的農場附設餐廳，用餐處直接設在培育番茄的溫室當中，非常的特別！這裡的料理以素食為主，顧客可以品嚐以新鮮番茄烹調的美味湯品（ISK 2,290，含吃到飽的麵包、沙拉 Buffet）、義大利麵（ISK 1,950）和披薩（ISK 2,850）等。好吃的食物、特別的環境讓人有難忘的用餐經驗，強力推薦大家來這兒品嚐美味的番茄料理。

8

野溪溫泉
Reykjadalur (Hot Spring Thermal River)

野溪溫泉 Reykjadalur 位於溫泉小鎮 Hveragerði 附近，在停車場停好車後須徒步 3.6 公里、約一個小時的路程才能抵達位於山谷中的野溪溫泉。路途中經過的溪水其實都是溫熱的泉水，但是並沒有可供下水的設施，一直到一處名為「Thermal Bathing Pools」地方才有簡易的木頭平臺和更衣處。前往野溪溫泉雖然路途遙遠，但沿途有著優美的峽谷和瀑布景觀，本身就是一條著名的健行、騎馬路線，非常受到當地人和遊客的歡迎。

Info

停車場 Gps Points：N64°01'21.0" W 21°12'41.1"
溫泉 Gps Points：N64°02'53.7" W21°13'24.6"

9

塞里雅蘭瀑布
Seljalandsfoss

　　塞里雅蘭瀑布也有人稱「牧羊瀑布」，高度約 60 公尺，因為瀑布後方有一座被水流沖刷所形成的岩洞，因此又被稱為「水簾洞瀑布」。位於 1 號公路旁的塞里雅蘭瀑布非常醒目，開車時從很遠的地方就能看見它從山頂一瀉而下的美麗水流，交通很方便非常受到遊客歡迎。

　　穿越瀑布後方的步道是個難得的體驗，不過這條步道在冬季經常積雪封路，建議選在其他季節進入水簾洞裡探險，另外走在步道上時水花四濺，請一定要穿著雨衣或是防水衣物，否則絕對會淋得一身溼。

Info -

Gps Points：N63°36'57.5" W19°59'35.4"

10

祕密瀑布 Gljúfrabúi

　　很少人知道在冰島一級觀光景點、人滿為患的塞里雅蘭瀑布旁有一座隱藏在山谷中的瀑布「Gljúfrabúi」，Gljúfrabúi 在冰島文中是「峽谷中的居民」之意，在臺灣或是華文圈則稱這個瀑布為「祕密瀑布」。祕密瀑布高度約40公尺，隱藏於岩壁後方、非常不容易發現。要欣賞瀑布的全景，可以通過前方狹窄的洞穴或是爬到一旁的山壁上從高處欣賞它。

　　如果從下方的洞穴前往祕密瀑布，必須徒步走在湍急的溪流之上，如果沒有專門的溯溪裝備、貿然進入會是一件很危險的事情。而通往上方山壁的小路在冬季會因為積雪而無法通行，因此大多數的人們只能透過下方矮小的洞口、探頭窺伺這座神祕的瀑布了！

Info
Gps Points：
N63°37'15.1" W19°59'11.2"

11

史可加瀑布 Skógafoss

史可加瀑布寬度約 15 公尺、高度則達 60 公尺，是冰島最著名瀑布之一。瀑布強大的水勢落入溪谷中激起了大量的水氣，只要有陽光、看到彩虹的機率是 95%，因為經常能看到彩虹，史可加瀑布也被暱稱為「彩虹瀑布」。

據說曾經有一位維京海盜將藏寶箱藏在瀑布後方的岩洞中，幾年後有人無意間發現了寶藏的所在地，但當他想把寶藏箱取出時，寶藏箱的拉環承受不了重量而斷裂，整個寶藏箱掉入史可加瀑布之中、再也沒有人看到寶藏箱的身影了。寶藏箱的拉環被保留了下來，現在存放於瀑布附近的博物館 Skógar museum 之中。

除了從瀑布正面溪谷欣賞史可加瀑布外，遊客還可以經由瀑布旁的步道爬到瀑布的頂端觀景臺，從上欣賞史可加瀑布壯麗的景色。

Info

Gps Points：
N63°31'46.4" W19°30'47.5"

12

祕密泳池
Seljavallalaug

有了「祕密溫泉」、「祕密瀑布」現在要來介紹一下祕密泳池囉（笑）。祕密泳池正式的名稱是 Seljavallalaug 游泳池，泳池位於冰島南部史可加瀑布附近的峽谷中，建於 1923 年的祕密泳池是一座長 25 公尺、寬 10 公尺的長型泳池，在 1936 年之前都還是冰島全國最大的游泳池。祕密泳池作為當地主要游泳課程的訓練基地一直到 1990 年，才被附近一座新建立的游泳池所取代，不過仍提供大眾免費使用。

前往祕密泳池可先開車前往停車場 Seljavallaug Parking，接著徒步 1.3 公里、約 15 分鐘的路程即可抵達。我拜訪祕密泳池時是在冬季，雪白的雪景加上那天的好天氣，平靜、湛藍的祕密泳池美得令人吃驚。但要在這美麗的游泳池游泳，可要好好仔細想想喔！原因之一是這裡雖然有溫泉水流入，但冬季的低溫使得溫泉水很快的降溫，泡在裡面就跟泡在冷水泳池中一樣，每個下水游泳的勇者都是一邊發抖一邊尖叫一邊泡水，場面慘烈、宛若地獄。所以建議選在氣溫較高的夏季到訪，應該會有比較舒適的體驗。

另外一個考量點是清潔度，這個深山裡的泳池每年只有夏天會清理一次，對於清潔衛生很重視的朋友我看您還是不要下水、在岸邊靜靜的欣賞它才是正確的選擇啊！

Info

停車場 Gps Points：N63°33'31.3" W19°37'21.0"
祕密泳池 Gps Points：N63°33'56.4" W19°36'27.3"

13

飛機殘骸
Solheimasandur Plane Wreck

飛機殘骸 Wrecked Airplane / plane wreck / Crashed DC 3 Plane 是一架迫降於冰島南部維克附近 Sólheimasandur 沙灘的美軍 DC 3 飛機，因為許多攝影師造訪後拍攝的美麗照片而聲名大噪，甚至連小賈斯丁的歌曲 MV「I'll Show You」都到這裡來取景，是冰島最特別的人氣景點之一。以前遊客可以一路把車開到飛機殘骸附近，走沒幾步路就可以抵達，但後來因為遊客太多、破壞了飛機殘骸本身和周遭的安寧，因此從 2016 年起只能走一段單程約 4 公里的路前往朝聖了。

要來此景點，導航可以搜尋「Sólheimasandur Parking」，停車場位於 1 號公路旁，旅人們都是把車子停在這裡後走路過去。前往飛機殘骸的道路是一段和緩的下坡，在好天氣時走起來非常輕鬆愉快，但因為只能看到遠方的地平線和海平面，走了半天四周的景色幾乎一模一樣，很像在原地踏步、有一種「奇怪好像怎麼走都走不完」的錯覺。走了 45 分鐘後終於走完這段 4 公里長的道路，抵達飛機殘骸。

這天我們在天亮後不久就出發，因此抵達飛機殘骸時間還算早，沒有太多遊客，但拍照拍了一個多小時後人潮慢慢湧現，大家或爬或坐或臥、飛機殘骸上和四周滿滿都是人，有一種喪屍片或是印度火車的既視感。建議大家一定要早點前往飛機殘骸，才能避開可怕的

人潮，拍出理想的照片。

　　親自走這一趟後我覺得「步行前往」飛機殘骸或許才能感受到這個景點的醍醐味，在冰島旅行「過程」其實往往比「目標／結果」還要重要，如果少了這段有些枯燥乏味 4 公里步行路程，或許看到飛機殘骸時內心就不會那麼樣的感動吧 ?! 不想用走的朋友可參考網路上的一日團，可騎腳踏車前往飛機殘骸。

Info

Gps Points：N63°29'26.9" W19°21'45.9"

14

迪霍拉里半島
Dyrhólaey

迪霍拉里半島（又稱地吼雷海岬）是一處位於維克鎮附近的海岬，高 120 公尺、擁有一個巨大的海蝕拱門，而地名 Dyrhólaey 在冰島語中就是「拱門」的意思，在天氣好的時候船隻還能從拱門中穿越而過，甚至還有大膽的人駕駛飛機飛過拱門的軼聞。

迪霍拉里半島的北方是米達爾斯冰原 Myrdalsjokull、西側則是遼闊的海岸線，海岬東側的「Park」停車場附近則可以眺望著名的黑沙灘 Reynisfjara 和遠方的海中小精靈 Reynisdrangar，此外在夏季這裡還是可愛的海鸚 Puffin 出沒地，是賞景、賞鳥、拍照的絕佳地點。

Info

Gps Points：N63°24'13.3" W19°07'48.9"

15

黑沙灘
Reynisfjara

從環島 1 號公路轉入 215 號公路後，沿著公路前進，不久後即可抵達冰島的著名景點黑沙灘，黑色沙子來自鄰近卡特拉火山 Katla 的噴發物，透水性極高，即使海浪打在沙灘上也會很快的消失、不留水漬，因此難以預測海浪沖上沙灘的最上緣是何處，這也是黑沙灘危險的地方。

2016 年時黑沙灘曾經發生過一對中國夫妻在拍照時，丈夫不幸被海浪捲走溺斃的憾事。而親身到訪黑沙灘，發現海浪真的很危險，原因在於海浪打到哪真的難以預測，一時不注意，就會被海浪打溼，甚至有被海浪捲走的危險性。

黑沙灘的左側是著名的柱狀玄武岩地形和海蝕洞 Hálsanefshellir Cave，後方海面上則可看到海中小精靈 Reynisdrangar。頗具盛名的黑沙灘在國外的評價相當高，有「世界十大最佳海灘」、「世界最美的十個海灘」之稱。傳說如果把黑沙灘的石頭帶回家就會招來厄運，所以大家來這裡時請靜靜欣賞美麗的景色就好，不要將石頭撿回家喔！

Info

Gps Points：N63°24'16.0" W19°02'40.1"

16

維克 Vik

　　維克鎮位於冰島南部，人口約600人左右。位於一號道路旁的維克鎮是這附近最大的城市，具有良好的生活機能和重要的交通位置，因此許多人將這裡當作旅行的補給中繼站或是住宿地點。

　　維克教堂 Vik i Myrdal Church 位於維克鎮外圍，教堂所在的位置可以眺望整座維克鎮及海中小精靈 Reynisdrangar。關於海中小精靈的由來有個著名的傳說故事，據說有兩個小精靈想趁著黑夜將一艘三桅船拖上陸，但還沒來得及拖上岸天就亮了！被曙光照射到的小精靈和三桅船就自此變成了石頭，永遠豎立在黑沙灘的海岸邊。從維克鎮教堂所在的高地，才能完整的看到三座奇石構成的「海中」小精靈。在維克鎮鎮外有間巨大的 Icewear 專賣店和大型超市 Kr Supermarket（kronan），非常好逛，是血拼採買的好所在。

Info -

維克教堂 **Gps Points**：N63°25'14.2" W19°00'10.7"
Icewear & Kr Supermarket Gps Points：N63°25'03.7" W19°00'01.1"

17

羽毛峽谷 Fjaðrárgljúfur

羽毛峽谷位於教堂城附近，是由羽毛河 Fjaðrá 沖刷侵蝕岩壁所形成的峽谷，有「世界最美麗峽谷」的威名。峽谷總長度為 2 公里，最高處則有 100 公尺高，從上空俯瞰羽毛峽谷，會發現真的很像一根羽毛，我想這就是這座峽谷名稱的由來吧 ?!

羽毛峽谷停車場下方的橋樑正好位於峽谷的出口處，這裡是拍攝羽毛峽谷的最佳地點之一，大家可不要錯過了。拍完照後，可由峽谷旁設置完善的步道一邊欣賞峽谷中美麗的景色、一邊健行往峽谷深處前進。峽谷的最深處在 2017 年時興建了一座觀景臺 Fjarðarárgljúfur Viewpoint，從觀景臺上可以欣賞到雄壯的峽谷奇景和一座氣勢磅礴的瀑布。

▲ 據說 2018 年年底開始，羽毛峽谷步道將會封閉一年半到兩年的時間，想要去的朋友要加快腳步了。

Info

Gps Points：N63°46'16.7" W18°10'19.9"

東部區
景點

Austurland Austurfirðir

1

斯維納山冰川 & 斷橋紀念碑
Svinafellsjokull & Skeiðará Bridge Monument

想要近距離的欣賞冰川，卻因為孩子太小無法參加，或是冰川健行行程因天氣不佳被取消要怎麼辦呢？推薦大家可以前往斯維納山冰川前方的停車場，這裡可以近距離欣賞冰川健行的聖地斯維納山川，不過提醒大家冰川健行一定要有專業的裝備加上專業嚮導的導覽才能進行，來到這裡請在冰川範圍外靜靜欣賞拍照，千萬不要跑到冰川上面去，這可是很危險的！

斷橋紀念碑位於 1 號國道旁，20 多年前這裡曾經有過一座全冰島跨度最長的大橋「Skeiðará 大橋」，在 1996 年時因為火山爆發造成冰川融化，這座大橋被洪水沖垮，如今只剩下兩根嚴重變形扭曲的橋樑供人憑弔。紀念碑所在地可以看到 Skeidhararjokull 和 Svinafellsjokull 兩座冰川令人驚嘆的景色，是我很推薦的拍照地點。

Info

斯維納山冰川停車場 Gps Points：N64°00'30.1" W16°52'48.0"

斷橋紀念碑 Gps Points：N63°59'05.0" W16°57'33.7"

2

瓦特納冰原國家公園遊客中心
＆斯瓦蒂佛斯瀑布
Svartifoss

　　瓦特納冰原國家公園遊客中心內部有國家公園內地質和生態的介紹，另外還有紀念品店以及救人一命的公共廁所。冰川健行的嚮導公司 Glacier Guides 和 Icelandic Mountain Guides 就位於停車場旁，這裡也是參加冰川健行最主要的集合地點。

　　經由遊客中心左側的步道，徒步 2 公里、爬升 130 公尺後可以到達斯瓦蒂佛斯瀑布 Svartifoss。在冰島語中「Svarti」是黑色之意，而「foss」則是瀑布之意。Svartifoss 直接翻譯的話就是「黑色瀑布」。瀑布高度約 12 公尺，白色水柱由黑色柱狀玄武岩上方傾流而下的美麗瀑布，因為其獨特的造型被稱為「玄武岩瀑布」。通往瀑布的步道雖然設置完善、路標明顯，但在冬季時經常會因為積雪導致路面極度溼滑，在接近瀑布時一段岩壁上的下坡路特別危險，冬季拜訪斯瓦蒂佛斯瀑布的朋友請務必攜帶簡易冰爪，以確保安全。

▶Info

瓦特納冰川國家公園遊客中心 Gps Points：N64°00'59.7" W16°57'59.1"
斯瓦蒂佛斯瀑布 Gps Points：N64°01'39.2" W16°58'31.1"

3

草頂教堂 Hofskirkja

　　草頂教堂是冰島僅存六座草皮屋頂教堂之一，建於 1883 年並於 1953 年重建，是最晚建造的草頂教堂。從前在冰島有許多由石頭、石板建造並在屋頂鋪設草坪的屋子，但因為需要經常維護、重建的關係，後來多半以木材或水泥興建，從前四處可見的草頂屋子，現在已經是種珍稀的存在了。

　　教堂位於霍夫小鎮上，就在環島 1 號公路旁，是個交通便利、參觀起來不用花太多時間的美麗景點。霍夫鎮離冰川健行的出發地瓦特納冰川國家公園遊客中心不遠，是計畫參加冰川健行旅人理想的住宿地點。

Info
Gps Points · N63°54'25.3" W16°42'25.0"

4

鑽石沙灘 Diamond Beach

鑽石沙灘隔著 1 號公路和傑古沙龍冰河湖遙遙相對，瓦特納冰原融化後掉進冰河湖中形成大小不一的浮冰，經過一段時間後浮冰慢慢變小，最後經由冰河湖的出海口流進海中，浪花又把浮冰打上海岸，最後形成這片滿佈如鑽石般浮冰的鑽石沙灘。

海浪打上沙灘、接觸冰塊後浪花迅速後退的奇景，吸引了許多攝影師專程來此拍照。而旅人們則忙不迭地站在沙灘上的巨大冰塊上、擺出各種姿勢取景拍照，鑽石沙灘的美景讓人真是忙壞了。這裡和冰島許多海岸一樣頗具危險性，拍照時務必小心謹慎，避免意外發生。

Info

Gps Points：N64°02'39.9" W16°10'39.5"

Fjallsárlón 冰河湖

Fjallsárlón 冰河湖離傑古沙龍冰河湖不遠，都是由瓦特納冰原前端融化所形成的湖泊，比較不一樣的是傑古沙龍冰河湖直接與海水相連接，而 Fjallsárlón 則離海邊較遠、湖面不易受到潮水影響，因此這裡的水面比傑古沙龍冰河湖更為平靜，好天氣時會有非常明顯的水面倒影，美景驚人。同行的旅伴說「這裡是個有毒的地方。」，站在原地好一會、拿著相機猛拍照的我，對他這句話再認同也不過了。比起傑古沙龍冰河湖，Fjallsárlón 的旅人少了許多，這裡在夏季可以搭乘小艇遨遊於冰河湖之中，推薦給喜歡寧靜景點的朋友們。

Info ---

Gps Points：N64°00'56.9" W16°21'56.5"

6

傑古沙龍冰河湖
Jokulsarlon

　　瓦特納冰原是冰島最大的冰川，從前冰原的範圍遠比現在來得大，範圍從內陸地區一直延伸到海中，因此在 20 世紀之前冰島人是無法經由陸地前往冰原的另一端。地球暖化使得瓦特納冰原面積縮小、不斷地向內縮，隨著冰河的位移東南岸的海岸線才隨之出現，到了 1934 年時融化的冰河水在冰河前端形成了一座湖泊，著名的傑古沙龍冰河湖就此誕生。其後冰河湖因為地球暖化的關係面積不斷增大，現在的冰河湖擁有 18 平方公里的廣大面積，足足有 40 年前的四倍大。

　　冰河湖是眾多冰川健行、藍冰洞行程的集合之地，夏季（5～10月）時還可以乘坐小艇馳騁於湖面之上，有時還能看到可愛的海豹遨遊於冰河湖之中。如果說藍湖溫泉是冰島人工景觀的代表，那冰河湖就是最能代表冰島的自然景觀。湖泊、浮冰和冰原所形成的不可思議景緻世間少有。

　　在極光季節時拜訪冰河湖，推薦在冰河湖附近住上一晚，運氣好的話將能看到傑古沙龍冰河湖和歐若拉共舞的絕妙舞姿，美景驚人、要人老命。

Info
- -

Gps Points：N64°02'54.5" W16°10'46.0"

7

赫本 Höfn

鄰近瓦特納冰原的赫本是冰島東南岸的第二大港，生活機能便利的赫本也是重要的旅遊據點，是許多人在冰島旅遊時的住宿地點。

赫本是重要的龍蝦捕撈港口，在鎮上有許多販售龍蝦料理的店家，其中以「Pakkhus Restaurant」最為著名，當我們抵達赫本鎮外的旅館 Seljavellir Guesthouse check in 時，老闆娘聽到我們要去 Pakkhus 用餐立刻豎起大拇指說：「這間餐廳的龍蝦真的很好吃，你們太內行了！」一家連當地人都豎起大拇指稱讚的餐廳，我想其美味應該是無庸置疑的。

親自品嚐美味的龍蝦大餐後我們證實了這一點，招牌的龍蝦湯（Langoustine Soup，ISK 1,890）龍蝦肉質新鮮彈牙、湯中也滿是龍蝦的鮮甜滋味，而蒜香奶油龍蝦（Langoustine，ISK 6,590）中大蒜和龍蝦殼烘烤過的香氣加深了龍蝦肉味道的層次和甜味，讓人一口接一口，連同伴的份都差點被我吃光。將新鮮的龍蝦肉、起士和番茄一起放在餅皮上烘烤而成的龍蝦披薩（Langoustine Pizza，ISK 2,990）也是味美好吃的一品。

Info

赫本 Gps Points：N64°15'01.7" W15°12'13.9"
Pakkhus Restaurant 營業時間：17:00~21:00
Pakkhus Restaurant Gps Points：N64°15'00.8" W15°12'14.2"

8

蝙蝠山／倒影山 Vestrahorn

位於冰島東南岸的 Vestrahorn 山，意思是長了角的山，其造型被稱為「蝙蝠山」，因為在好天氣時能在前方的海灘拍出山和景物的完整倒影，又被稱為「冰島的天空之鏡」。優美的山形、獨特的環境讓它和斯奈山半島上的教堂山並列為冰島被拍攝最多次的山峰，也是攝影師的最愛。

拍攝蝙蝠山的最佳地點，在於一處名為 Stokksnes 的私人農場，農場主人開放遊客付費進入。遊客要先前往入口處的 Viking Cafe 使用信用卡透過自動購票機買票，買好票後再利用票上的 QR code 通過入口處的柵欄、進入 Stokksnes 內。

我到訪時碰到了大風雪，壞天氣加上天色已暗、本來已經要放棄這個景點，但當我們正要離開時抬頭一看，發現天空烏雲突然散去、天氣也轉好。我們立刻改變主意購票進入 Stokksnes，結果看到日落後色溫變化所形成的蝙蝠山「藍幕」美景，真的是天無絕人之路啊！這意外的收穫，是我在冰島最難忘的回憶之一。

◀ 自動購票機。

Info

購票處 iking Café Gps Points：N64°15'18.2" W14°59'35.8"

9

都皮沃古爾 Djúpivogur

都皮沃古爾位於冰島環島 1 號
公路旁，是重要的休息補給站。小
鎮西北方的布蘭斯峰 Búlandstindur
是都皮沃古爾最著名的地景，布蘭
斯峰高度約 1,069 公尺，是一座由
玄武岩構成的金字塔型山峰，這
座山據傳有著神奇的力量因此被
稱為「神山」，名字難念的都皮
沃古爾小鎮也被許多華文圈的旅

人稱為「神山小鎮」。

神山小鎮除了著名的金字塔神
山外，在港邊還有一棟建於 1790
年、鎮上最古老的房屋 Langabúð，
現在的 Langabúð 是一間博物館和咖
啡廳。在小鎮北方海岸邊、由藝術
家 Sigurður Guðmundsson 所創作的
裝置藝術 Eggin í Gleðivík 也是神山
小鎮的人氣景點之一。

Info

都皮沃古爾 Gps Points：N64°39'22.0" W14°17'10.5"
Langabúð Gps Points：N64°39'27.4" W14°16'59.3"
Eggin í Gleðivík Gps Points：N64°39'43.8" W14°17'41.2"

10

埃伊爾斯塔濟 Egilsstaðir

埃伊爾斯塔濟是座 1947 年才成立的年輕城市，因位於交通要衝所以成為冰島東部最大、最重要城市，小鎮上有加油站、超市、國營酒店 Vinbudin、甚至還有電器行和文具店，如果在冰島打怪途中裝備遺失或是損壞，那埃伊爾斯塔濟是您在冰島東部最大最好的補給基地。

鎮外有座巨大的湖泊拉加爾湖 Lagarfljót，這座面積廣達 52 平方公里的湖泊是由同名的拉加爾河 Lagarfljót 河水注入所形成，這座最深度達 112 公尺的湖泊和尼斯湖一樣都有「水怪傳說」，據說湖底住著一隻「拉加爾水怪」（Lagarfljótsormurinn），從 1345 年到近年的 2012 年都有水怪的目擊紀錄，2012 年的目擊影片還被放在 YouTube 上，有興趣的朋友可以上網找找看。

在拉加爾湖的西南側有兩座壯觀的瀑布 Hengifoss 和 Litlanesfoss，遊客們可以經由同一條登山步道欣賞到兩座瀑布的美景。沿著步道向上攀爬，首先會看到一座峽谷中的無名小瀑布，在冰島民間傳說中這座峽谷是小精靈的出沒地點。繼續沿著步道前進、不久後就會看到 Litlanesfoss 瀑布，這座瀑布又被稱為「Stuðlabergsfoss」，意思是「玄武岩瀑布」，高度約 30 公尺從玄武岩石柱中奔流而下，氣勢磅礡。而 Hengifoss 瀑布位於步道的最高處，高度達 118 公尺是冰島最高的瀑布，除了高度、瀑布旁的岩壁也是 Hengifoss 瀑布的特色之一，這裡的

岩壁是由紅土層和玄武岩層相疊，形成獨特的彩色岩壁。

　　我前往這兩座瀑布是在冬季的 2 月，沿路結冰的步道十分折騰人，最後一段路徒步走過積雪的峭壁更是驚險萬分，而這兩座瀑布又因為冬季枯水期水勢大減，積雪覆蓋了 Hengifoss 瀑布旁的彩色岩壁也讓美景大打折扣，因此誠心建議想要拜訪這兩座瀑布的朋友，請選在夏季前往，才會有好走的步道、壯麗的景色。

Info

埃伊爾斯塔濟遊客中心 **Gps Points**：N65°15'41.5" W14°24'22.1"
Hengifoss & Litlanesfoss 登山步道 **Gps Points**：N65°04'24.5" W14°52'50.3"

塞濟斯菲厄澤
Seyðisfjörður

峽灣小鎮塞濟斯菲厄澤離東部重鎮埃伊爾斯塔濟 Egilsstaðir 約半個小時車程，連接兩鎮之間的「93號公路」正是電影《白日夢冒險王》中班‧史提勒追尋攝影師「尚‧歐康諾」（西恩潘飾演）的腳步來到冰島、用手上的橡膠玩偶和當地的小孩交換了滑板後，一路用滑板從山上的山路往下滑的拍攝路段。因為電影的熱潮93號公路被許多影迷稱為「滑板公路」，而在滑行途中背景出現的瀑布，即是位於93號公路旁的蒸汽瀑布 Gufufoss。

塞濟斯菲厄澤本身是個人口不到 700 人的小鎮，這座因港口而興起的城市除了是座重要的漁港外，還擁有往返挪威、丹麥、蘇格蘭的定期船班，是東部船運的重要樞紐。鎮上最著名的景點是粉藍色的教堂 Seyðisfjarðarkirkja 和教堂前方的「彩虹大道」。另外港邊也有許多色彩繽紛、值得一拍的木造小屋。非常推薦在這個美麗又靜謐的小鎮住上一晚，運氣好的話還能與極光女神在此地相會喔！

Info
- -

塞濟斯菲厄澤 Gps Points：N65°15'35.7" W14°00'36.4"
Gufufoss Points：N65°14'24.1" W14°03'27.2"

東北區
景點

Part
15

Norðurland eystra

　　東北區的重要景點數量在冰島全國各區中僅此於南部區，是冰島環島旅遊的重點區域。東北區的景點以冰島第二大城阿克雷里和鑽石圈 Diamond Circle 為主。鑽石圈的範圍包含米湖、馬蹄峽谷、黛提瀑布和胡薩維克，是冰島北部經典行程。東北區幅員廣大、景點眾多，行程上建議至少安排四天三夜的時間。

1

米湖地區 Mývatn

米湖的面積廣達 37 公里，但平均深度只有 2.5 公尺，是座 2300 年前火山爆發後由玄武岩熔岩所形成的淺水湖。周遭有許多因火山爆發形成的地質奇觀，如偽火山口群 Skútustaðagígar、黑色城堡 Dimmuborgir、地洞溫泉 Grjótagjá cave 等等……。

米湖地名「Mývatn」在冰島語中是「蚊」(mý) 和「湖」(vatn)的意思，簡單來說這裡就是「蚊湖」，夏季時這裡有大量的蚊蠓，到訪的旅人最好從頭到腳包得緊緊的以避免蚊蠓的攻擊。

米湖西北方的眺望點 Mývatn View Point 可以眺望整座米湖和著名的惠爾火山 Hverfjall，是拍照賞景的絕佳地點。湖東北方的小鎮雷恰利茲有超市和加油站，是米湖地區最重要的觀光中繼站。

Info

Mývatn View Point Gufufoss Points：
N65°39'36.3" W16°58'29.4"

雷恰利茲 Cjoc Points：
N65°38'29.1" W16°54'39.9"

地熱景觀 Hverir

從環島1號公路駛進米湖地區前，會先經過這個冒著白煙、飄散臭雞蛋味的地熱景觀 Hverir。克拉夫拉火山 Krafla 的地下裂縫在這個地方露出地表，形成了 Hverir 的獨特景觀。這裡充滿了硫磺噴氣口、被地熱加熱的泥水坑，是個頗具危險性的景點，參觀 Hverir 務必沿著鋪設好的木棧道參觀，才能減低意外的發生。推薦在黃昏時前往，夕陽西下時一片金黃實在是美極了。

> **Info**
> Mývatn View Point Gufunes Points　N65°39'36.3" W16°58'29.4"
> 雷恰利茲 Gps Points：N65°38'29.1" W16°54'39.9"

1-2

克拉夫拉火山和
火山口
Krafla&Víti

克拉夫拉火山是座活躍的火山，共有 29 次爆發的紀錄，Víti 是在 1724 年的火山爆發活動中所形成的火山口，寬度約 300 公尺，火山口內有一座藍綠色的火口湖。夏季可沿著道路將車輛直接開到 Víti 旁的停車場，冬季則是因為道路積雪的關係，只能將車輛停在山下徒步上山。

前往 Víti 時遇到了強風暴雪，讓凍壞的我們有種正在爬聖母峰的錯覺，抵達時又因為大雪冰封了湖面看不到藍綠色的火口湖，只能徒呼負負。建議大家最好選擇在夏季拜訪，輕鬆愉快又有美景可看。

在前往 Víti 的途中會先經過山下的發電廠「Kröflustöð」，這座電廠每年利用火山的熱能產生 60 兆瓦的驚人電力，電廠的輸送管線為了讓車輛從中穿越而特意建造的「ㄇ」字形管線頗為引人矚目，也是代表性的地景之一。

◀ㄇ字形發電廠。

Info

火山口 Gps Points：N65°43'03.5" W16°45'27.4"
發電廠 Gps Points：N65°42'12.0" W16°46'30.8"

米湖溫泉和藍湖
Myvatn Nature Baths &Blue Lake

經由1號公路翻過山頭進入米湖地區後會看到一個湛藍的人工湖泊 Blue Lake，一旁就是冰島最古老的地熱發電廠 Bjarnarflag，Blue Lake 就是儲存發電廠使用過沸水的蓄水池、水溫極高，只能用來欣賞，可不能用來浸泡喔！

離發電廠2公里左右的米湖溫泉 Myvatn Nature Baths 則是將溫泉水降溫至36度～40度後，供人浸泡的溫泉設施。這裡的溫泉含有大量礦物質，有治療皮膚的功效，另外空氣中瀰漫著硫磺的揮發物，對呼吸道疾病和氣喘也有一定的療效。

我是在冬季、天黑之後前往米湖溫泉泡溫泉，冬季時米湖地區溫度經常在零度以下，讓這裡的水溫比想像中低得多，我泡溫泉時可說是邊泡邊發抖啊！建議大家在夏季或是冬季的白天造訪，我想會舒適得多。

Info

營業時間：夏季（5/1～9/30）：09:00~24:00（23:30 最後入場）、
冬季（10/1～4/30）：12:00~22:00（21:30 最後入場）

票價：成人 ISK 4,200（01/01～4/30）、ISK 4,700（05/01～09/30）、
ISK 4,200（10/1～12/31）

米湖溫泉 Gps Points：N65°37'51.3" W16°50'52.7"

藍湖 Gps Points：N65°38'26.2" W16°50'44.1"

岩洞溫泉 Grjótagjá cave

岩洞溫泉是位於米湖附近的地底溫泉，1938 年這個位於熔岩洞中的溫泉被發現後慢慢成為一個很受歡迎的溫泉浴池，後來因為附近克拉夫拉火山多次爆發的關係讓水溫直線上升，最高溫時甚至到了 60 度以上，不再能下水浸泡。

獨特的景觀加上電視劇《冰與火之歌：權力遊戲》曾在此拍攝過的關係，這裡成為一個非常具有人氣的景點，吸引了大量的觀光客。溫泉有左、右兩個入口，建議從右方的入口進入洞中，那裡是拍攝、欣賞的最佳角度。拍攝最佳時間點是在有陽光時的中午前，陽光會透過左方的入口直射入洞中，地底溫泉的水面完美呈現了四周的岩壁倒影，是它最美的一刻。

因為近來遊客丟垃圾破壞了環境，所以岩洞溫泉目前是關閉不能進入，實在是很遺憾。希望之後能夠再開放，大家要好好愛護大自然，才能繼續欣賞到美麗的景色。

Info

Gps Points : N65º37'34.3" W16º52'56.2"

惠爾山 Hverfjall

　　惠爾山是一座看起來像火山的「偽火山」，因為惠爾山並不是由地底熔岩噴發所形成的，而是地下水受到地底岩漿加熱變成水蒸氣後爆發的產物，酷似火山的外觀卻不是真正的火山，因此被稱為「偽火山」。

　　在米湖附近有許多的偽火山，而惠爾山是其中規模最大的一座。惠爾山的「偽火山口」寬達 1 公里，遊客可以攀爬惠爾山的登山路線登頂，在上方欣賞惠爾山偽火山口的壯麗景色。

Info -

惠爾山 Gps Points：N65°36'46.6" W16°52'32.5"

1-6　偽火山群
Skútustaðagígar

偽火山群 Skútustaðagígar 和惠
爾山一樣都是地底水蒸氣爆發所形
成的，Skútustaðagígar 擁有十多個
大小不一的偽火山。遊客可以將車
停在 848 公路旁、Orkan 加油站對
面的停車場後再沿著規劃良好的步
道前進，欣賞 Skútustaðagígar 偽火
山群。

1-7　熔岩石柱
Höfði

熔岩石柱是一處位於米湖東側
湖畔的小半島，走進三面臨水的半
島宛如走進米湖之中。在半島的西
南側可以看到一整排玄武岩熔岩石
柱奇觀，是米湖地區代表性的地質
景觀。

Info

Gps Points：N65°34'03.3" W17°02'06.8"

Info

Gps Points：N65°34'47.8" W16°57'03.8"

1-8

熔岩城堡 Dimmuborgir

熔岩城堡和米湖四周眾多的偽火山，一樣都是火山熔岩遇水爆發形成的獨特地質景觀。原先熔岩城堡是一個地下熔岩洞穴，後來覆蓋洞穴頂部的地面坍塌，只剩下熔岩石柱保留了下來。這些石柱群因為遠觀像是可供人居住的城堡，因此被稱為「熔岩城堡」。

冰島傳統文化中 Dimmuborgi 是人間和地獄的交會處，擁有包含撒旦曾降臨於此在內的眾多傳說，著名的挪威重金屬樂團「霧都魔堡」（Dimmuborgir）團名的發想也是來自這裡。

Info
Gps Points - N65°35'29.6" W16°54'46.2"

1-9

拉夏酒店餐廳
(Laxá Hótel) Eldey Restaurant

位於米湖南岸的拉夏酒店是我在米湖的家，兩次來米湖附近都是投宿於此。第一回住宿過後相當滿意，回臺灣後立刻在網路上和大家分享，正當我分享著拉夏酒店的早餐有多好吃時，有網友回應到「這裡的晚餐也很不錯喔！」這個回應引來不少網友們的附和，也讓我內心下了一個決定：下次回到冰島，一定要去拉夏酒店吃晚餐。

2018 年三度回到冰島，再次來投宿，住宿當晚拉著旅伴一起來到期待很久的拉夏酒店的 Eldey Restaurant 用餐。結果並沒有令我們失望，這裡的食材都是來自當地農場生產的有機蔬菜和生鮮肉品，

不論是羊排（lamb prime steak, ISK 4,900）、北極紅點鮭（Arctic charr, ISK 4,590）都非常鮮美可口、份量十足，加入大量起士的義大利燉飯（Risotto, ISK 3,190）也很不錯。米湖地區最有名的餐廳是 Vogafjós Cowshed Cafe，但我個人對拉夏酒店餐廳 Eldey Restaurant 評價更高。

‹Info› ------------------------------------

營業時間：週日～週六：06:00~21:00
Gps Points：N65°34'25.0" W17°05'28.8"

1-10

Vogafjós Cowshed Café

Vogafjós Cowshed Café 位於米湖東岸，是一間兼營餐廳、民宿的農場，他們的餐廳評價很高，是 TripAdvisor 上米湖地區排名第一的餐廳。餐廳和牛舍是同一棟建築物，也就是說這棟建築物一半是養人、一半是養牛，可以邊看牛邊吃飯（似乎沒有更下飯）。在用餐前、工作人員還會送上剛擠好的新鮮牛奶給顧客品嚐喔。

在這裡用餐時我們點了著名的「燉羊膝」（Slow cooked Lamb Shank, ISK 5,280）和「生煙燻羊肉」（Vogafjós Raw smoked lamb, ISK 4,290）。生煙燻羊肉吃起來滿鹹的，邊吃邊喝了大量的水才把這道料理解決，個人覺得不太符合臺灣人（或是我自己）的口味；而另一道主菜燉羊膝吃起來軟嫩多汁，不愧為這間餐廳的代表名物。

Info -

營業時間：10:00~22:00

Gps Points：N65°37'27.2" W16°55'22.1"

2

黛提瀑布 Dettifoss

電影《普羅米修斯》片頭中外星人喝下黑色液體後，身體分解、墜入水勢盛大、氣勢磅礴的瀑布當中，這個令人震撼的畫面正是在冰島北部的黛提瀑布拍攝的。黛提瀑布寬度約 100 公尺，高度落差則有 44 公尺，巨大的高低差使得黛提瀑布有著每秒 500 立方公尺的驚人水量，是歐洲最大的瀑布。

前往黛提瀑布有兩條路：一條是西側的 862 號公路，這是一條較新、路況較佳的柏油路，而位於黛提瀑布東側的 864 公路則是一條較顛簸的碎石路，普羅米修斯電影的開場正是在 864 公路這一側取景拍攝的。不論是 862 號或 864 號公路，在冬季都很有可能因積雪而封路，夏季的 6 月～ 8 月會是前往黛提瀑布的最佳時間點。在黛提瀑布的南邊不遠處有一座壯觀的瀑布 Selfoss，拜訪黛提瀑布的朋友別忘了順道去看看喔！

Info
「西岸停車場（862 公路）Gps Points：N65°48'47.2" W16°24'05.6"
「東岸停車場（864 公路）Gps Points：N65°49'09.0" W16°22'47.3"

3

奧斯比吉斷層崖（馬蹄峽谷）Ásbyrgi

奧斯比吉斷層崖是一座長 3.5 公里、寬 1 公里、山壁高 100 公尺的長型峽谷，峽谷被中央被一座名為「Eyjan」的岩山分為兩段，從高空中俯瞰就像一個馬蹄形，因此這裡就被稱為「馬蹄峽谷」。峽谷是因為 8,000 ～ 10,000 年前洪水侵蝕而成，不過在冰島的民間傳說中馬蹄峽谷是北歐神王奧丁（也就是雷神索爾的爸爸）的座駕「八角神馬」（Sleipnir）踏上冰島的土地時留下的腳印。

在峽谷的深處有一座名為 Botnstjörn 的寧靜小湖泊，而沿著湖旁的步道向上攀爬，則可以走到高處憑高眺望整座馬蹄峽谷。

Info
Gps Points：N66°00'06.9" W16°30'47.6"

4

胡薩維克 Húsavík

胡薩維克 Húsavík 的人口約 2,100 多人，小鎮的建立開始於北歐海盜 Garðar Svavarsson，西元 870 年他在此地登陸，他離開冰島後留下的人們建立了一座農場，也開始了小鎮的歷史。現在的胡薩維克因為賞鯨活動而聞名，甚至有「歐洲賞鯨之都」的狂名。

胡薩維克每年只有在夏季的 6 月到 8 月有出海賞鯨的行程，抵達小鎮後在港邊就可以找到賞鯨行程的售票處。賞鯨行程時間約 3 個小時，要先花 1 個小時左右搭乘賞鯨船出海、尋覓鯨魚的芳蹤，等找到鯨魚船員會用廣播提醒大家鯨魚出現在那個方向。在胡薩維克參加賞鯨團，看到鯨魚的機率有 99% 以上，基本上一定看得到鯨魚。在此提醒大家如果想參加賞鯨團一定要準備長焦鏡頭，才能順利捕捉到鯨魚躍出水面的那一刻。另外保暖的衣物也是必要的！如果真的忘了帶保暖衣物，可以和船公司借專業的保暖裝備來穿。

來到胡薩維克除了賞鯨以外，也記得要在美麗的小鎮上走走喔！港邊的木造教堂 Husavik Church 建於 1907 年，是胡薩維克的重要地標，鎮上的探索博物館 The Exploration Museum 則展示了人類的探索歷史。

Info
- -

賞鯨行程售票處 Gps Points：N°02'46.7" W17°20'36.2"
木造教堂 Gps Points：N66°02'45.7" W17°20'32.4"
探索博物館 Gps Points：N66°02'52.1" W17°20'40.4"

5

上帝瀑布
Goðafoss

上帝瀑布（眾神瀑布）是冰島最知名的瀑布之一，名稱來自數百年前當地居民決心信奉基督教後，將從前崇拜的神像丟入瀑布深淵的歷史事件。瀑布位於環島的 1 號公路旁，交通便利性無懈可擊，因此非常受到遊客的歡迎。高度約 30 公尺的上帝瀑布夏天時氣勢恢弘、水量驚人，冬天雪白的美景則比夏季更勝一籌。

前往上帝瀑布兩個入口處，其一是位於 844 公路和 1 號公路交匯處、加油站附近的停車場，停好車，沿著入口處開始鋪設的木棧道，可以前往上帝瀑布左側的觀景臺。另一處入口則位於 1 號公路旁，這處入口通往上帝瀑布的右側，和左側的觀景臺有柵欄保護不同，瀑布右側的展望點沒有任何安全維護設施，在冬季到訪時，地上的積雪配上瀑布噴濺的水花形成完美的滑倒觸媒，大家賞景拍照時務必要小心謹慎。

在上帝瀑布的上游，還有兩座美麗的瀑布 Aldeyjarfoss 和 Hrafnabjargafoss，這兩個瀑布因為位於交通不便的深山、路況又不佳的關係只能在夏季前往。其他季節想要參觀這兩個瀑布，就只能參加當地旅行團、搭乘超級吉普車前往攬勝了。

Info

上帝瀑布右側入口 Gps Points：N65°41'04.1" W17°32'54.7"

上帝瀑布左側入口 Gps Points：N65°41'04.4" W17°32'24.9"

Aldeyjarfoss Gps Points：N65°21'52.0" W17°20'29.5"

Hrafnabjargafoss Gps Points：N65°20'21.4" W17°20'12.8"

6

錫格呂菲厄澤鎮 Siglufjörður

錫格呂菲厄澤是因捕撈鯡魚而興起的小鎮，即便近年來鯡魚產量大減，這裡仍是冰島最重要的漁港之一，也是冰島最北端的城鎮，在每年夏季的 6 月 9 日至 7 月 1 日這裡能看到「午夜的太陽」，也就是「永晝」。鎮上最著名的觀光景點是海港旁的鯡魚博物館 Herring Era Museum，港邊還有許多由倉庫改建的餐廳、咖啡廳以及一間優雅別緻的旅館 Siglo Hotel。

說實在話錫格呂菲厄澤其實並沒有什麼非常著名的景點，不過恬適安靜的氛圍和港邊美麗的景緻讓人聯想到「世外桃源」的人間仙境，很適合到這裡散步放空、追求心靈的平靜。

Info

Gps Points：N65º49'09.0" W16º22'47.3"

7

阿克雷里 Akureyri

冰島第二大城阿克雷里是座位於冰島最長狹灣 Eyjafjördur 盡頭的美麗城市，是旅人在冰島北部最重要的補給站和購物採買地，也很適合當作冰島北部旅遊的住宿點。

進入阿克雷里前，推薦大家先前往阿克雷里對岸的展望臺，從這裡可以看到阿克雷里整座城市和 Eyjafjördur 峽灣的景色，是欣賞阿克雷里市景和拍攝極光的最佳角度。進入阿克雷里、行駛於城市中的道路上請千萬要睜大眼睛、準備好相機，才能捕捉到阿克雷里的名物「心型紅綠燈」。2008 年冰島因為金融危機導致全國宣布破產，此時阿克雷里政府為了鼓舞人心，將紅綠燈改成心型的圖樣，據說這裡是全世界唯一有心型紅綠燈的

城市喔！

在阿克雷里市區停車必須先到銀行拿停車卡，將停車卡上的時鐘轉到自己停車的時間後放在擋風玻璃後（或是用手寫在紙上也行，詳細說明請見 P.40「阿克雷里停車」）。如果實在搞不清楚停車規定，可以先前往阿克雷里的遊客中心「Hof Cultural and Conference Center」，在遊客中心旁的停車場可以任意停車，不需要使用停車卡。遊客中心內則有著豐富的旅遊資訊、紀念品商店和拯救膀胱的廁所，非常適合作為在阿克雷里市區旅遊的起點。

停好車後建議先前往阿克雷里最熱鬧的 Hafnarstræti 街區，街道上有許多餐廳、咖啡廳、著名服飾

品牌 ICEWEAR、販售眾多紀念品的連鎖書店 Penninn Eymundsson，冰島國民品牌（但價格很貴族）66°N 也在附近，是冰島北部最好買的地方，大街建築物壁面上的巨大少女畫像是最能代表阿克雷里的地景之一，也是不能錯過的拍照標的。

沿著大街往前走到底，再由山坡下方的階梯往上爬，可以看到著名的阿克雷里大教堂，阿克雷里大教堂和雷克雅維克的哈爾格林姆教堂一樣出自冰島建築巨匠 Guðjón Samúelsson 之手，教堂在 1940 年完成，是阿克雷里最具代表性的建築物。如果對冰島植物、生態有興趣的朋友，可以順道前往阿克雷里大教堂後方的極地植物園 Lystigarður Akureyrar 參觀。

最後別忘了前往號稱「冰島第一的冰淇淋店」Brynja 吃冰淇淋喔！配料豐富，味道好吃、口感新奇，即便在寒冷的冬天也能充分感受冰淇淋的美味。

Info

- 觀景臺 Gps Points：N65°41'17.1" W18°03'06.4"
- 遊客中心 Gps Points：N65°41'00.5" W18°05'13.7"
  營業時間：週一～週五：8:00~18:00，週六、週日：10:00~18:00
  參觀費用：免費
- 阿克雷里大教堂 Gps Points：N65°40'47.7" W18°05'26.7"
  參觀時間：週一～週五：10.00　19:00
  參觀費用：免費

- 極地植物園 Gps Points：N65°40'28.8" W18°05'47.0"
  開放時間：6/1 ～ 9/30（花園部分整年開放）
  營業時間：週一～週五：08:00~22:00，週六、週日：09:00~22:00
  參觀費用：免費

- 冰淇淋店 Brynja Gps Points：N65°40'20.2" W18°05'12.8"
  營業時間：12:00~23:00

Part 16

西北區 景點

Norðurland vestra

比起東北地區，冰島西北區的景點較少，大多數的遊人都會選擇跳過這個地方。但若是時間允許，西北區有幾個地方還是非常值得停留的。像是瓦斯半島可以看見一大群肥嫩可愛的海豹癱在岩石上的萌樣，是難得一見的景觀。另外無邊際泳池真的超、級、美，推薦您一定要來看看。

1

海邊的無邊際泳池 Sundlaugin á Hofsósi

泳池位於冰島北部的霍夫索斯鎮 Hofsós。這座建在懸崖上，能看到海灣中絕美景色的游泳池被人稱為「冰島最美麗的游泳池」。根據我親身體驗過的經驗來說這稱號絕不浮誇，稱得是名副其實。到訪的季節是在冬日，在零下八度的低溫下在這裡賞景游泳的經驗實在令我終生難忘。到冰島旅遊、強力推薦大家一定要來這座 Sundlaugin á Hofsósi，親身感受、親眼看看這座泳池的美色。

Info

營業時間：07:00~13:00、17:00~20:00（冬季），營業時間經常有變動，出發前務必上官方 FB → https://www.facebook.com/sundlauginhofsosi/ 確定營業時間

泳池費用：ISK 3,500

Gps Points：N65°53'44.9" W19°24'39.1"

2

布倫迪歐斯教堂 Blönduóskirkja

布倫迪歐斯教堂是由建築師 Maggi Jónsson 設計建造，完工於 1993 年。以冰島的火山的樣貌設計的這座教堂，因為其外形和鯨魚頗為相似，也有人稱這棟教堂為「鯨魚教堂」。布倫迪歐斯教堂就位於環島 1 號公路旁，走過路過不要錯過這個造型獨特的美麗教堂喔！

Info

Gps Points：N65°39'35.2" W20°16'50.1"

3

象形岩／巨魔岩
Hvitserkur

位於瓦斯半島東側的象形岩高度約15公尺，其獨特的造型令人聯想到大象、犀牛甚至是恐龍等動物，因此許多人將它稱為「象形岩」或「犀牛岩」。不過Hvitserkur的名稱在冰島文中的意思為「白色襯衫」，原因來自巨岩上白色的海鷗糞便。海浪的拍打與沖刷形成了獨特的外觀，不過因為海水侵蝕日益嚴重，當地政府為了保護這塊奇石，在岩石下方以混泥土加固了岩石的地基，希望這奇特景致能夠繼續維持下去。

在冰島傳說中Hvitserkur是一位居住於此的「巨魔」，他非常討厭教堂的鐘聲，因此計畫要毀壞附近一所教堂的鐘，結果只能在夜間行動的巨魔因為照射到早晨的第一道陽光，巨魔變成了這座奇岩。

從前是祕密景點的它近年來人氣水漲船高，主要的原因來自許多冰島的風景明信片都以Hvitserkur為拍攝主題，特別是Hvitserkur與極光共舞的絕妙舞姿，特別受旅人青睞。

Info -

Gps Points：N65°36'13.1" W 20°38'23.8"

4

海豹半島（瓦斯半島）
Vatnsnes

在冰島的許多地方都能看到海豹的身影，但如果要說欣賞海豹的最佳去處，那非瓦斯半島莫屬了。瓦斯半島主要賞海豹的地方是 Illugastaðir 農場和 Ósar 海灘，Illugastaðir 是一間私人農場，農場主人在海邊興建了一座觀察小屋並對外開放，讓遊客能用望遠鏡欣賞海豹。而 Ósar 則是一片位於青年旅館 Ósar HI Hostel 前方的海灘，這處海灘經常有海豹出沒，是瓦斯半島上賞海豹最著名的地點。另外瓦斯半島上的著名景點象形岩據說也能看到海豹的身影。退潮前後的 2 個小時是觀察海豹的最佳時間，想要看海豹的朋友請務必要事先調查好當日的潮汐時間，才能增加看到海豹的機會喔！如果想對海豹有更近一步的了解，在半島上最主要都市華姆斯唐吉 Hvammstangi 還有一間海豹中心 Icelandic Seal Center 可以參觀。

▲ 農場主人在岸邊搭建了一棟觀賞海豹的小屋，裡面除了提供望遠鏡讓遊客清楚的觀察海豹外，還有一本留言本，上面有著來自世界的旅人們以各種語言留下的心得感想，非常有趣喔！

Info

Illugastaðir Gps Points：N65°36'36.4" W20°53'01.0"

Ósar Gps Points：N 65°35'57.8" W 20°38'57.0"

海豹中心 Gps Points：N65°23'42.9" W20°56'51.3"

西峽灣
景點

Part
17

Vestfirðir

　　如果冰島給人的感覺是「世界的盡頭」，那西峽灣可說是「世界盡頭的盡頭」，稱得上是「遠得要命王國」。西峽灣的主要景點有首府伊薩菲厄澤、丁堅地瀑布、完全禁止車輛進入的 Hornstrandir 自然保護區、紅沙灘、海鸚的棲息地 Látrabjarg 海岬等。因為冬季的氣候嚴寒、積雪甚深，西峽灣大部分的景點都只在夏季開放，因此建議前往西峽灣要選在夏季，才能充分地領略、感受西峽灣壯麗的景色。

　　我前往西峽灣時是在不適合旅遊的冬季，雖然因為大雪封路，無緣前往西峽灣最具代表性的自然景觀丁堅地瀑布，不過沿路上看到了許多令人驚嘆、目眩神迷的美景，再度證明了「無名的路邊、就是冰島最美的風景」的不變真理。

1

伊薩菲厄澤 Ísafjörður

伊薩菲厄澤建立在在峽灣入口處的小半島上，是一座因為捕魚而興起的小鎮。人口約 2,500 人左右的伊薩菲厄澤已經是西峽灣地區最大的聚落、也是西峽灣區的首府。

在小鎮南方有一座博物館「The Westfjords Heritage Museum」，博物館旁的幾棟房子 Tjöruhús、Krambúð、Turnhús 是冰島現存最古老的木造建築，其中最古老的 Tjöruhús 建造於 1742 年，現在是一間非常知名的海鮮餐廳。

這一兩年網路瘋傳的「3D 人行道」就位於鎮中心 Landsbankinn 銀行前方，不過在冬季時道路會被積雪覆蓋，因此無法看到 3D 人行道的本尊究竟有多奇幻。

Landsbankinn 銀行附近有一間名為 Húsið 的餐廳，餐廳內佈置溫馨舒適，食物也非常美味，是在伊薩菲厄澤市區用餐時的絕佳選擇。

Info

伊薩菲厄澤 Gps Points：N66°4'29.962" W23°7'31.437"

博物館 Gps Points：N65°52'43.089" W23°29'25.106"

Húsið 餐廳營業時間：週日～週四：11:00～01:00，週五、週六：11:00～03:00

Gps Points：N66°4'29.971" W23°7'23.789"

2

Litlibær 博物館／咖啡廳

Litlibær 是位於西峽灣主要公路 61 號公路旁的傳統草皮屋頂房子，這棟房子建立於 1875 年、原先是一棟農莊，1969 年開始由冰島國家博物館負責維護。現在 Litlibær 是一間在夏季營業的博物館／咖啡廳，據說這裡的蛋糕非常美味。非營業季節到訪的旅人們雖不能進入 Litlibær 中，但可以在外側拍照、欣賞下方峽灣的美麗景色。

Info
營業時間　10:00~17:00（每年 5 月中～ 9 月中）
Gps Points　N65º59'9.650" W22º48'59.505"

3

北極狐中心
The Arctic Fox Center (Melrakkasetur)

北極狐 Arctic Fox 是冰島唯一的原生陸地哺乳類動物，為了保護珍貴的北極狐，冰島的北極狐專家 Páll Herssteinsson 博士和他的學生 Ester Rut Unnsteinsdóttir 於 2010 年在西峽灣的 Súðavík 鎮成立了北極狐中心。

中心內部展示了冰島北極狐的由來和牠們出沒的區域等各項北極狐的介紹與資訊。在屋外的展示空間還有兩隻真正的北極狐，北極狐一看到我們，就興奮得滿場飛奔，模樣實在可愛極了！

Info

參觀時間：6 月～ 8 月：每天 09:00~18:00，5 月和 9 月：每天 10:00~16:00，
　　　　　10 月～ 4 月：週一～週五 10:00~14:00
參觀費用：15 歲以上 ISK 1,200，15 歲以下免費
Gps Points：N66°1'48.077" W22°59'23.948"

西部區景點

Vesturland

1

格倫達菲厄澤
Grundarfjörður

教堂山 Kirkjufell Mountain 是一座高度僅有 463 公尺的小山,但因為其優美的造型成為電視劇、電影的拍攝地點,更吸引了許多攝影愛好者和旅人們專程拜訪。

拍攝教堂山的最佳地點是在教堂山前的教堂山瀑布,被岩石一分為二的教堂山瀑布配上後方教堂山雄壯的美景,讓人從內心發出由衷的讚美。特別是在每年極光飛舞的季節,被環狀極光包圍著的教堂山有著不似人間的絕美景色,讓人如

癡如醉。

人口不到千人的格倫達菲厄澤因為就在教堂山的山腳,成為斯奈山半島上最有人氣的小鎮,也是許多旅人選擇投宿的地點。在極光季節時請務必在此投宿至少一晚,運氣好的話。將能與極光女神相見。此外這裡也是電影《白日夢冒險王》中男主角搭船登陸冰島的地點,如果您和我一樣是這部片的影迷,將能在這裡看到許多熟悉的場景。

鎮上港邊的餐廳 Bjargarsteinn
是旅遊網站 TripAdvisor 上排名第
一的餐廳，雖然價格稍高（一個
包含麵包、沙拉在內的燉飯套餐約
ISK 3,200）但味美好吃，是在小鎮
上用餐的優質選擇。

Info

格倫達菲厄澤 Gps Points：N64°55'36.542" W23°15'22.355"
教堂山和教堂山瀑布 Gps Points：N64°56'26.604" W23°18'22.653"
Bjargarsteinn 餐廳 Gps Points：N64°55'39.830" W23°15'42.025"

2

斯蒂基斯霍爾米
Stykkishólmur

斯奈山半島北部的小鎮斯蒂基斯霍爾米是一座因港口而興盛的小鎮，鎮上最主要的景點有兩處，一是造型獨特的教堂 Stykkishólmskirkja Church，另外一個則是港口邊小山上的燈塔 Súgandisey Island Lighthouse，燈塔所在的高處可以眺望整個斯蒂基斯霍爾米小鎮。

斯蒂基斯霍爾米也是《白日夢冒險王電影》場景之一喔！片中主角華特‧米堤搭乘飛機抵達格陵蘭的空拍畫面正是在這兒拍攝的。

另外米堤遇到喝醉直升機駕駛、隨後跳上直升機的「靴子酒吧」位於港邊的一棟黃色建築物內，這棟建築物原先是一間名為 Bókaverzlun Breiðafjarðar 的書店，或許是前往朝聖的旅人太多了、打擾了店主，我二度拜訪斯蒂基斯霍爾米時，發現書店居然已經搬到鎮內其他地方去了！我想屋主有商業頭腦的話，實在應該把留下來的空屋改裝電影中的場景「靴子酒吧」，保證能吸引滿滿的遊客、大賺一筆啊！

Info

Gps Points：N65°4'21.620" W 22°44'12.696"

3

歐拉夫斯維克 Ólafsvík

　　歐拉夫斯維克是斯奈山半島上的一座小鎮，小鎮中心有一座造型特別的歐拉夫斯維克教堂 Olafsvíkurkirkja，另外鎮外還有一座小巧美麗的瀑布 Kerlingarfoss，這座瀑布知道的人不多，堪稱是一座「祕境瀑布」。

Info

歐拉夫斯維克 Gps Points：
N64°53'34.567" W23°42'11.326"
Kerlingarfoss 瀑布 Gps Points：
N64°53'43.4" W23°48'42.2"

4

橘燈塔和黃金沙灘
Svörtuloft Lighthouse Skarðsvík

橘燈塔是位於斯奈山半島最西端的兩座燈塔之一（另一座是附近的 Öndverðarnes 燈塔），因為外觀的顏色被稱為橘燈塔。要前往燈塔必須從斯奈山半島西岸的 574 號公路繞進一條開往海邊、崎嶇難行的 579 號公路。

沿著這條 579 號公路往前開去，會先經過一個 Skarðsvík 沙灘，因為地質和地形的關係、冰島的沙灘數量非常稀少，而為數不多的沙灘中又大多數是黑色的黑沙灘，這座沙灘卻是美麗的金黃色，因此又有人稱這裡為「黃金沙灘」。

離開沙灘繼續往前開去，3 公里後會到達斯奈山半島最西端的燈塔 Svörtuloft。這處橘燈塔旁近來興建了一個觀景平臺，旅人可以在觀景臺上欣賞海岸邊的海蝕洞以及壯麗的熔岩懸崖。通往橘燈塔和黃金沙灘的 579 號公路非常不好走，特別是冬季的積雪會讓路況更加嚴峻，建議在路況較佳的夏季拜訪這兩處景點。

Info
橘燈塔 Gps Points：
N64°51'49.5" W24°02'20.6"
黃金沙灘 Gps Points：
N64°52'51.6" W23°59'09.2"

5

黑沙灘
Djupalonssandur & Dritvik

　　說起冰島的黑沙灘，大家首先想到的肯定是維克附近的黑沙灘Reynisfjara，但事實上在冰島這樣的黑沙灘有好幾個，位斯奈菲爾火山（斯奈山，Snæfellsjökull）下的Djúpalónssandur就是其中之一。

　　在停車場停好車後會發現兩條步道，左側的步道是通往懸崖上的觀景臺，從觀景臺上可以眺望整座黑沙灘。而另一右側的步道則通往下方的黑沙灘。

沿著步道穿越許多奇岩怪石後，來到了下方的黑沙灘入口，這裡擺了四塊大石頭，過去黑沙灘上曾經有個漁村，村裡面的人就用這四塊石頭判斷成年男子是否能上船工作。

　　四塊石頭從左到右分別是 23 公斤重的 Amlóði（能舉起者被稱為 Useless）、54 公斤的 hálfdrættingur（能舉起者被稱 weakling）、100 公斤的 Hálfsterkur（能舉起者被稱為 half strength）、154 公斤的 Fullsterkur（能舉起者被稱為 full strength），據說至少要將舉起 54 公斤的 hálfdrættingur 超過臀部的人才有資格上船工作。不瞞大家說，我連 23 公斤重的 Amlóði 都搬不太起來，如果我生活在那個時代，一定被村裡的人視為廢材吧 ?!

　　黑沙灘上散佈著許多黑色、扁平的圓形石頭，還有一艘漁船的殘骸，這些殘骸屬於一艘名叫 Epine 的漁船，Epine 在 1948 年 3 月 13 日擱淺於此，船體經過長時間的風吹雨打被破壞，殘骸散佈在海灘四處。黑沙灘的風浪極大，請遠離海岸以策安全喔！

Info

Gps Points：N64°45'7.253" W23°54'8.142"

6

瓦汀舍利爾洞穴
Vatnshellir Cave

看過《地心歷險記》的朋友應該很想和書中主角們一樣親自走進冰島的火山口中吧！如果沒有預算參加價格昂貴的「Thrihnukagigur Volcano」火山口行程，那麼便宜的火山地洞探險團「Vatnshellir Cave Tour」會是最佳選擇。

Vatnshellir Cave Tour 參觀的是斯奈山半島上、斯奈菲爾火山山腳下的火山熔岩地洞瓦汀舍利爾洞穴。8000 年前地底的岩漿從 Purkhólar 火山群中的一個火山口噴發而出，熔岩從火山口流出後慢慢在地面上冷卻，形成火山熔岩地形。地底下的火山熔岩經過數千年的時間，慢慢因為雨水和地下水流動而流失，最後形成了熔岩地洞。內部主要分為三個空間，地洞出乎意外地頗具規模，在嚮導的解說之下參觀起來滿有意思的。

這個行程雖然不是走入真正的火山口，而是進入火山熔岩所形成的洞穴，但要價只要 ISK 3,750，以冰島的 Tour 來說實在是非常便宜實惠啊！

▶ Info

預約網址：http://www.summitguides.is/vatnshellir~cave~op1r6
瓦汀舍利爾洞穴 Gps Points：N64°44'56.266" W23°48'49.244"

7

怪物海岸
Londrangar

怪物海岸是一個古老火山口的一部分，火山口的其他部分都因為海水的沖刷、侵蝕而消失，只剩下它依舊屹立在海中。岩石上有兩個突起的石柱，較高的石柱高度為 75 公尺、較低矮的石柱高度也有 65 公尺。

因其獨特的造型和附近海岸雄偉壯闊的景觀，使得它成為許多冰島宣傳影片拍攝的主角之一，名氣日益遠播，到訪的旅人、攝影愛好者也越來越多了。

欣賞海岸的最佳角度，是在東岸懸崖上的觀景平臺。從這裡不但可以看到怪物海岸和周遭海岸的美景，天氣好的時候也可以盡情展望遠方的斯奈菲爾火山。

附近有一處遊客中心 Gestastofa Visitor Center，中心內有斯奈山半島地形、生態的展示與介紹，還有解決膀胱、救苦救難的公共廁所，憋尿憋到快爆炸的旅人千萬不要錯過了。

Info -

怪物海岸眺望點 Gps Points：N64°44'07.5" W23°46'27.2"
遊客中心 Gps Points：N64°43'49.945" W23°48'10.278"

8

阿爾納斯塔皮
Arnarstapi

阿爾納斯塔皮是一座擁有天然港口的小鎮，這裡從前是個熱鬧的交易中心，現在則以獨特的自然景觀吸引眾多旅人到訪。

進入小鎮後，首先會看到一座以冰島傳說中的巨人主角 Bárður Snæfellsás 為範本的巨人石像 Bárðar Saga Snæfellsáss Statue。Bárður Snæfellsás 擁有人類和巨人的血統，被視為斯奈山半島的守護神，據說斯奈山半島 Snæfellsnes 的名稱正是由他所命名的。

沿著石像旁的步道往海邊走去，在海岸邊能看到阿爾納斯塔皮著名的玄武岩地形景觀，一處名為 Gatklettur 的海蝕拱門是近來人氣直升的 IG 打卡名所，海浪拍打海岸、在 Gatklettur 石拱下激起的美麗漩渦是頗受歡迎的攝影題材。

在小鎮的背後，有一座名為 Stapafell 的小山，從某些角度望過去這座山會呈現完美三角形，因此也有人叫這座山為金字塔山。位於小鎮東北側的港口是欣賞、拍攝 Stapafell 山的最佳地點。

Info

Gps Points：N64°46'12.731" W23°37'16.028"

9

赫倫瀑布（熔岩瀑布）&
小孩瀑布
Hraunfossar&Barnafoss

　　赫倫瀑布（熔岩瀑布）和小孩瀑布是兩個相鄰近的瀑布，彼此間的距離非常近、徒步只需 3 分鐘。

　　赫倫瀑布是從 Hallmundarhraun 熔岩平原傾瀉而下的數十道溪流所形成，瀑布從熔岩平原奔流而下，最後流入下方的 Hvita 河中。根據網路上的照片來看，個人認為秋季是熔岩瀑布最美的時候，深秋時瀑布周圍的落葉植物會轉紅轉黃，色彩繽紛非常美麗。

　　小孩瀑布離熔岩瀑布不遠，瀑布因為高度落差不大，看起來比較像「激流」而不是「瀑布」。據說從前小孩瀑布旁有一座石橋，有位孩童在過橋時不慎掉入水中、跌進瀑布而溺斃，孩童的父母親發現後傷心的將石橋拆毀，以避免再有這種憾事發生，這件軼聞也是小孩瀑布名稱的由來。現在的小孩瀑布上方架設了較安全的木橋，可供旅人橫越湍急溪流。

10

格蘭尼瀑布
Glanni Waterfall & Paradísarlaut

　　格蘭尼瀑布位於Norðurá的上游，據說這裡是精靈、矮人居住生活之處。瀑布共分為三層，遊客可在展望臺上欣賞這個小巧美麗的瀑布。而Paradísarlaut則是一座位於格蘭尼瀑布附近的池塘，圓形的池塘被四周的火山熔岩所包圍著，十分靜謐美麗，夏季時是一處絕佳的野餐地點。這裡雖不是什麼知名景點，但就位於冰島主要環島公路1號公路旁，推薦大家進行環島旅行時，繞進來看看，欣賞不一樣的景色喔！

Info
Gps Points：N64°45'13.350" W21°32'46.761"

11

小眾攝影景點：
廢墟&黑教堂 Dagverðará&Búðakirkja

廢墟離怪物海岸不遠，是一處被放棄的農場。深處荒野之中的廢棄建築有著獨特的氛圍，吸引了不少攝影愛好者到此拍照。

冰島教堂的數量極多！不管多小的聚落都一定會有一間教堂，不過這些教堂的外觀大多是紅色屋頂、白色牆面，因此這間黑色屋頂、黑色壁面的黑教堂 Búðakirkja 顯得格外令人矚目，深受攝影愛好者喜愛。教堂所在之處沒什麼光害，這裡也是著名的極光拍攝地點。

Info

廢墟 Gps Points：
N64°44'44.0" W23°43'06.3"
黑教堂 Gps Points：
N64°49'18.8" W23°23'04.2"

Chapter

4

到冰島一定要追的
極光與聖地

冰島極光攻略：
極光觀察、推薦網站和App、推薦拍攝點

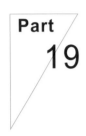

「雖然是美麗的東西，但那與其說是單純的美，不如說看起來更像擁有某種精神意義的東西。那看起來，甚至像是這充滿青苔、沈默和精靈的不可思議的北方島上，一種靈魂模樣似的。」——村上春樹。

極光。對於身處亞熱帶的我們來說是一種不可思議的存在，夜空中燦美閃爍的青綠色光帶勾人魂魄，不似人間的場景如詩如畫、叫人陶醉而心生嚮往。身處北極圈中的冰島正好位於極光的好發之處，追逐極光、拍攝極光也成為人們前往冰島的主因之一。不過在這裡我要告訴大家，其實冰島，根本不適合看極光。

出發前往冰島前在荷蘭轉機，海關問我們說：「要去冰島？那裡很冷耶！為什麼要去冰島呢？」我對冰島的熱愛無需用複雜的英文單字來解釋，我就簡單回答了一句「Northern Lights（北極光）」海關大呼：「Northern Lights ??? Northern Lights 不是要去瑞典看嗎，怎麼會跑去冰島呢？」冰

島的氣候多變不夠穩定，當地還有一句名言「不喜歡天氣，請等 5 分鐘吧！」冬季經常受到暴風雪的侵襲，夏季時日照太長，春秋兩季多雨天氣陰晴不定，不論什麼季節，在冰島看到極光的機率都不算高，不是說「冰島看不到極光」而是「不適合為了看極光專程前往冰島」。

　　說了那麼多，我只是要請大家做好心理建設，「不期不待，沒有傷害；沒有期待，超乎期待。」追極光和追女朋友一樣，只能做好充足準備、努力尋求機會，在最好的時間出擊，才有和女神相遇相會、相知相守的一日。雖然冰島的極光不好追，但如果注意到幾個訣竅，將會大大提高您追到女神的機會（追女生的技巧請見《卡瓦納×100 女友完全制霸》附集章本）。

1 在冰島能看到極光的月分

　　冰島的夏季因為日照時間長，看到極光是一件很困難的事情，每年到了 8 月底才有機會看到極光。從 9 月到翌年的 4 月分則是觀賞極光的最佳季節。

2 能看到極光的時間

　　一般來說晚上的 9:00 ～ 12:00 是觀賞極光的最佳時間，不過我也曾經在凌晨 2 點和清晨 6 點看過極光，總而言之在極光季節只要沒有雲、天色也夠暗就有機會看到極光。另外滿月或接近滿月，月色太亮時也較不適合看極光。

3 推薦欣賞極光的地點

　　極光和櫻花、楓葉一樣，即使景物本身再美但沒有與之相襯托的「借景」，美景將會大打折扣，在此推薦幾個冰島拍攝極光的熱門景點供大家參考，建議大家預定住宿時要選擇熱門極光景點附近，方便前往欣賞、拍攝極光。

◀雷克雅維克

◀史可加瀑布

冰島拍攝極光景點

景點	地區	說明
雷克雅維克	雷克雅維克	雷市光害嚴重，只有強烈極光出現時有機會看到，推薦大家前往港邊的太陽航海者、哈帕音樂廳等著名景點拍攝極光。要拍攝本身就會發出強光的哈帕音樂廳的極光模式，需使用到高階攝影技巧「搖黑卡」，比較適合攝影高手。
金圈	南部區	辛格韋德利國家公園、蓋錫爾間歇泉、古佛斯瀑布。這些地方都是拍攝極光的好地方，其中特別推薦光害少又有一流效果的古佛斯瀑布。此外其實蒂芬尼藍瀑布也是拍極光的好地方，但在地主封路的現在，只能在夜間徒步 3 公里前往蒂芬尼藍瀑布，實在讓人有些卻步啊！
塞里雅蘭瀑布和史可加瀑布	南部區	這兩個瀑布都是拍攝極光的超級名點，如果能在這裡拍到極光那真的是無憾了。
飛機殘骸	南部區	幾乎沒有光害主景又非常特別，是經常出現在極光主題明信片中的經典景點，但要在黑暗中徒步 4 公里實在太折騰人了。
傑古沙龍冰河湖	東部區	傑古沙龍冰河湖是最能代表冰島的自然景觀之一，這裡的極光模式更不可錯過。
蝙蝠山／倒影山	東部區	蝙蝠山和教堂山並列冰島被拍攝最多次的名山之一，造型獨特的蝙蝠山也是拍攝極光的絕佳地點。
上帝瀑布	東北區	交通方便又極具特色和代表性的上帝瀑布，正是上帝給予追光旅人的「應許之心」。
象形岩／巨魔岩	西北區	因光害少、造型獨特，經常出現在極光明信片中，也是著名的極光拍攝地點。
教堂山	西部	教堂山堪稱「冰島極光第一景」，是冰島最受歡迎的極光拍攝景點，拍攝教堂山極光的最佳地點是前方的教堂山瀑布。極光季節時幾乎每天夜裡，都會有一堆扛著腳架和攝影重裝備的攝影師、追光旅人在這兒等待極光女神的降臨。

4 極光觀察與預測：必見網站和推薦 App

追極光一定要懂的 KP 值

KP 值共有 10 級（從 0 到 9），在冰島比較常見的是 1 ～ 3 級，4、5 級以上就是很強的。很多人以為 KP 值代表著極光的「強度」，KP 值越強極光也越強。事實上這是錯誤的觀念，KP 值代表的其實是極光的「範圍」，KP 值越強能看到極光的範圍也越大。對於全國都在極光帶中的冰島，KP 值所代表的意義並沒有那麼大，與其注意 KP 值，不如觀察「雲層」，只要天空中沒有雲或是雲層不厚，「看得到星星，就有機會看到極光」。

天氣和極光預測網站 vedur.is

專門預測天氣、極光的網站「vedur.is」是追極光最重要的網站，網站中會預測三日內的極光指數（KP 值）和雲圖，綠色色塊代表的是雲層，顏色越深、雲層越厚，白色則代表沒有雲或是雲層很薄，如果想追極光就要注意自己的所在之處這天晚上幾點到幾點是沒有雲的。「一定要追到極光」的偏執狂朋友，則建議不要事先預訂好住宿地點，跟著雲圖遷徙，會有最大的機會看到極光的美景。

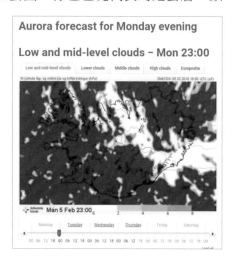

▶ http://en.vedur.is/weather/forecasts/cloudcover/

極光預測 App 推薦

我推薦的極光預測 App 是「Aurora」和「AuroraNow」。

Aurora

Aurora 這個 App 可以定位你所在
的位置，也會列出目前觀賞極光的
最佳位置，如果所在地有較高的機
率看到極光還會發送通知。我收
過四次 Aurora 發來的通知，結果
四次都看到極光。不管你信不信，
總之我是信了。

AuroraNow

AuroraNow 可以預測三日內每三
個小時的 KP 值指數，根據我的
追光經驗來說只要看到機率超過
20%，加上天氣晴朗就有很高的機
會能拍到看到極光。

總之，要看到極光，「雲層」的有無和厚度才是最重要的，其他如 KP
值、看極光的時間都是次要的參考數字，天氣好的夜晚，請犧牲睡眠時間、
誠心地等待極光女神的降臨吧！「看得到星星，就有機會看到極光」（很重
要，所以再說一次）。

5 極光拍攝

拍攝設備

❶ **機身**：相機不用多高級，任何可以設定光圈、快門速度的數位相機都可以。很多人會問「用手機可不可以拍呢？」如果極光很強的時候，用手機勉強可以拍到極光，但效果不會好，極光不夠強的話則根本拍不出來，想拍極光的話請買一臺便宜的單眼相機吧！

❷ **鏡頭**：廣角鏡頭比標準鏡頭、望遠鏡頭更適合用來拍極光，鏡頭視角越廣越好、光圈越大越好。

其他輔助設備

❶ **腳架**：拍攝極光最少也要 3 ～ 6 秒的曝光時間，沒有腳架是無法拍出極光的相片的。

❷ **備用電池**：冬季夜間的冰島很冷，過冷的天氣經常導致電池突然沒電，因此請多準備幾顆電池在身上。

❸ **快門線或遙控器**：按下快門時可能會造成晃動，因此建議使用遙控器或是快門線。

❹ **手電筒**：用來探路和拍攝人像時的補光，試過幾支手電筒後發現其實 iPhone 內建的手電筒補光效果最好。

相機設定

模式 ----▶ 全手動，可自由設定光圈和快門速度的「M」模式。

對焦 ----▶ 手動對焦，對焦區域設定為「無限遠」，透過手動對焦環或是液晶螢幕調整時請轉到有「∞」圖示（或是出現一座「山」的圖示）。

ISO值 ----▶ ISO 值越大能拍出的夜間景物越清楚，但 ISO 值越高粒子也越粗，必須有所取捨。拍極光的話建議以 ISO 值 3200 作為一開始拍攝的標準，如果拍得很清楚、甚至有點過曝的情形就要逐步往下調降。如果拍不出極光的話則需往上調整（強烈建議不要超過 ISO 6400）。

快門 ----▶ 我將冰島的極光分為兩種，一種是「眼睛看不到、相機才拍得出來的極光」，一種是「肉眼可見的極光」。「目視」就能看到極光在天空中舞動的話，建議可以先設定 6 秒的曝光時間，再視拍攝情況調升或是調降曝光時間。如果不確定天空中的那道白光到底是極光還是雲朵的話（就是肉眼看不出來極光），可以用 30 秒的曝光時間先拍拍看，拍出來確定是極光後再視情況調降曝光時間。極光的強度是有變化的，一開始肉眼看不出來極光時就用長時間曝光（20 ～ 30 秒）來拍，等到肉眼就能看到極光時就要用較少的曝光時間拍攝（可以先設 15 秒，再逐步往下調整）。

光圈 ----▶ 使用最大光圈，光圈的英文標示為「F」，數字越小光圈越大，光圈越大鏡頭越貴。

　　綜合以上各點，推薦一開始拍攝極光的參數為「M 模式」、對焦無限遠、快門速度 15 秒、使用最大光圈、ISO 3200。

❶ 關掉相機的 HDR、去除雜訊等功能。

❷ 沒有快門線或是遙控器的話，建議可用「定時拍攝功能」，例如即按下
快門後 2 秒或 10 秒快門簾才會動作，避免按壓相機時產生的晃動。

❸ 冰島的風很強，建議買重一點的腳架。我遇到兩次風太強將腳架吹倒的
狀況。如果腳架重量輕、不夠穩固，可利用重物穩定腳架。

❹ 拍攝人物和極光的合影時可用手機或是手電筒替人物補光。

❺ 拍極光時建議將鏡頭前方的保護鏡、濾鏡拆下來。

6 追極光實戰分享

算一算我在冰島共看到十次左右的極光，不過真正肉眼可見的只有三
次，分享幾次最難忘的經驗供大家參考，也希望大家能藉由這些經驗，掌
握追光的徵兆和一點訣竅。

2017 年 1 月 27 日 · 傑古沙龍冰河湖 Jokulsarlon

這是我第一次看到極光，也是迄今看到過最強的極光。

這天之前一連下了好幾天的雨，一直到前一天雨勢才稍減，當天下午
天空放晴、黃昏時出現了粉紅色的天空。晚上用完餐後收到極光預測 App
「Aurora」送來的通知，通知寫著「如果天空晴朗，你將有可能在下個小
時看到極光」，看到通知我們立刻跳上車往傑古沙龍冰河湖前去。

抵達傑古沙龍冰河湖後，友人望向遠方天空的一道白光，說到「那會不會是極光啊？」我抬頭看了一下，翻了白眼後怒斥友人：「你眼睛有問題嗎？那明明是雲！」為了證明友人有多蠢，我對準了天空，用 30 秒的曝光時間把那道白光拍了下來。結果那道白光居然是綠色的⋯⋯天啊真的是極光（立刻下跪認錯）。

極光一開始時就像我前面所說的是「眼睛看不到、相機才拍得出來的極光」，但隨時時間慢慢過去，極光變得肉眼清晰可見，到最後真的是「跳起舞來」，整個天空滿滿的都是極光！那一天我才知道「極光在天空中舞動」是「視覺摹寫」、而不是「誇飾法」。

▼ 當天 KP 值是 3 到 4，天氣非常好，滿天繁星一朵雲都沒有。

2017 年 2 月 1 日 · 教堂山 Kirkjufel

那天我一整夜幾乎沒睡，才終於看到教堂山的極光。

到訪教堂山的那兩日天氣都不太穩定，不過研究一下 vedur.is 上的雲圖，發現 1 月 31 日的早上 5 點所在之處雲層會稍微散去，因此我們一大早就跑去教堂山瀑布 Kirkjufellsfoss 前拍照。這天的極光很強，但天氣實在很不好，只能透過厚厚的雲朵看到遠方天空中的極光。

隔天我們還是住在教堂山附近，當天的天氣還是不好，為了拍到極光，我依照 vedur.is 的預報事先設定了好鬧鐘，分別在晚上 9 點、凌晨 12 點、凌晨 3 點、凌晨 5 點、早上 7 點跑去教堂山五次，最後終於在即將天亮前拍攝到極光美景。

▼ 當天 KP 值是 2，天氣多雲飄小雨。

2017 年 2 月 2 日 · 雷克雅維克

　　這一天我們要開車前往機場、準備離開冰島前我們在黃昏時前往珍珠樓 Perlan 參觀，在珍珠樓屋頂觀景臺上看到美麗的「粉紅色天空」（注意哦！粉紅色天空又出現了）。離開珍珠樓後我們回到市區，結果在海邊看到一大群人往天空猛拍──是極光！

　　之後我們就在極光的伴隨之下，一路開往機場，準備告別這個美麗的國家，極光正是雷克雅維克留給我們的離別禮物。

▼ 當天 KP 值是 2 到 3，天氣是白天多雲下雪、夜間晴朗。

　　當晚入住的拉夏酒店提供「Northern Lights Wake Up Call」（北極光叫床 Call），那晚始終等不到電話。雖然當天 KP 值很低（0），但我望向窗外發現星星在天邊閃爍，天氣非常晴朗，因此決定去上帝瀑布碰碰運氣。

　　抵達上帝瀑布前，沿路我們不斷地看到天邊有一道白色的帶狀「雲」，內心開始期待了起來。一抵達停車場，我們立刻架起腳架拍照。經過 30 秒的等待，曝光結束後畫面出現了，是極光啊～啊～啊～！很幸運的，我們捕捉到了上帝瀑布的「極光模式」。這次的經驗也讓我知道原來 KP 值是 0，也是有機會看到極光的。

▼ 當天 KP 值 0，天氣晴朗。

白日夢冒險王
場景朝聖

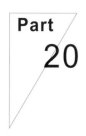

Part
20

　　《白日夢冒險王》是由班・史提勒自編自導自演的電影，2013 年這部電影上映後深受喜愛旅遊、攝影的朋友歡迎，片中場景的主要拍攝地點冰島自此成為熱門的旅遊國家，電影替冰島帶來了大量觀光人潮。本章節介紹幾個片中場景的拍攝地點，讓我們跟著米堤腳步，一同前往片中的場景、走進電影當中吧！

1. 史可加瀑布 Skógafoss

場景：片中米堤和「兩個小男人」前往「阿富汗」時出現的瀑布，拍攝地點正是著名瀑布史可加瀑布（彩虹瀑布）。

Gps Points：
N63°31'46.4" W19°30'47.5"

2. 93 號公路、Gufufoss 瀑布、Hotel Aldan

場景：米堤為了追上攝影師尚恩·歐康諾的腳步，溜著滑板一路滑下的公路。這段路正是埃伊爾斯塔濟連接塞濟斯菲厄澤的 93 號公路，途中經過的瀑布則是 Gufufoss 瀑布（下坡時其實不容易發現這個瀑布）。自從米提在這溜過滑板以後，很多人都把 93 號公路稱為滑板公路了！一部電影的影響力實在不容小覷。

米堤溜著滑板，經過滑板公路後抵達的小鎮正是塞濟斯菲厄澤，Hotel Aldan 出現在他抵達小鎮的那一幕，這間旅館的外牆經過重新粉刷，已經和電影拍攝時的顏色不一樣了。

Gufufoss 瀑布 Gps Points：N65°14'24.1" W14°03'27.2"
Hotel Aldan 旅館 Gps Points：N65°15'37.2" W14°00'35.1"

3. 赫本機場 Hornafjordur Airport

場景：米堤搭乘格陵蘭航空抵達格陵蘭後下機的「努克機場」（Nuuk，格陵蘭首都），也是他租車（「小紅還是小藍呢？」）的地方，實際上的拍攝地點是赫本附近的赫本機場。

Gps Points：N64°18'10.7" W15°13'42.0"

4. 斯蒂基斯霍爾米 Stykkishólmur

場景：米堤搭著格陵蘭航空抵達「格陵蘭」時從飛機窗口俯瞰的小鎮，其實是斯奈山半島上的斯蒂基斯霍爾米，仔細看電影畫面、會看到小鎮的地標斯蒂基斯霍爾米教堂。

而為了打聽尚恩・歐康諾的下落，米堤所到訪的酒吧（因為酒吧中的啤酒杯是一支玻璃靴子，因此被暱稱為「靴子酒吧」），則是鎮上的一間名為 Bókaverzlun Breiðafjarðar 的書店（書店已經遷移，大概是遊客、影迷太煩了，不過房子還在），跳上直升機的地方則是書店前方的廣場。

靴子酒吧 Gps Points：N65°04′39.6″ W22°43′32.0″

5. 格倫達菲厄澤 Grundarfjörður

場景：米堤搭漁船登陸冰島港口的場景，是在格倫達菲厄澤的港口拍攝的。港邊的一整排路燈，是米堤和趕著去嫖妓的智利水手搶腳踏車的地方。一旁的 Orkan 加油站則出現在米堤騎著腳踏車離開時的那一幕，在這段影片中也多次出現教堂山的身影。

格倫達菲厄澤港口 Gps Points：N64°55′17.6″ W23°14′48.0″

史可加瀑布 **1.**

2. Hotel Aldan

2. 93號公路

赫本機場 **3.**

4. 斯蒂基斯霍爾米

5. 格倫達菲厄澤

附錄 **1**‧冰島各月分氣溫、降水量和日照時間表

	平均 最高溫	平均 最低溫	平均 降水量	日出時間 （每月1日）	日落時間 （每月1日）	日照時間 （每月1日）
一月	1.7°C	-2.8°C	86.36 mm	11:20	15:19	3h58m
二月	2.8°C	-1.7°C	73.66 mm	10:00	16:58	6h 57m
三月	2.8°C	-1.7°C	76.2 mm	08:23	18:33	10h 9m
四月	5°C	0.6°C	55.88 mm	06:29	20:09	13h 40m
五月	8.3°C	3.9°C	43.18 mm	04:39	21:47	17h 8m
六月	11.1°C	6.7°C	45.72 mm	02:52	23:35	20h 43m
七月	12.8°C	8.3°C	50.8 mm	02:33	00:06	21h 32m
八月	12.2°C	7.8°C	60.96 mm	04:16	22:28	18h 11m
九月	9.4°C	5°C	71.12 mm	05:57	20:34	14h 36m
十月	6.7°C	2.2°C	88.9 mm	07:27	18:43	11h 16m
十一月	3.3°C	-0.6°C	83.82 mm	09:06	16:53	7h 46m
十二月	2.2°C	-2.2°C	83.82 mm	10:47	15:23	4h 36m

冰島各月分氣溫、降水量和日照時間（以首都雷克雅維克為例）

1. 氣溫、降水量資料出自 weather.com

2. 日出日落和日照時間是以 2018 年為例，資料出自 http://sunrise.maplogs.com/zh-TW/iceland.34.html

附錄 2． 冰島行程總花費參考一覽表

2017 年冬季自由行（十四日）		
項次	二人合計	每人平均
機票：荷蘭航空＋冰島航空 （透過旅行社購票）		43,000
租車＋保險（10 天）	37,816	18,908
交通費用（停車、加油）	9,746	4,873
嚮導團（冰川健行、藍冰洞、 火山探險）	21,849	10,925
餐飲（餐廳、超市採買）	12,402	6,201
住宿	61,830	30,915
共同雜支（門票、網路）	6,651	3,326
個人雜支 （紀念品、個人保險）		2400
總計（臺幣）		120,548

2018 年冬季自由行（十九日）		
項次	四人合計	每人平均
機票：荷蘭航空＋冰島航空 （透過官網購票）		25,444 + 11,783
租車＋保險（18 天）	41,397	10,349
交通費用（停車、加油）	23,949	5,987
嚮導團（冰川健行、藍冰洞、 火山探險）	39,179	9,794
餐飲（餐廳、超市採買）	49,482	12,371
住宿	150,710	37,678
共同雜支（門票、網路）	13,653	3,413
個人雜支 （紀念品、個人保險）		13,990
總計（臺幣）		130,809

附錄 3・冰島廁所 GPS 與收費一覽表

在冰島開車環島,「找廁所」可說是一大難關,冰島很多地方渺無人跡,不要說廁所了連建築物都沒有幾棟,要找到公眾廁所可說是一件艱鉅的任務。我的朋友甚至說:「如果現在讓我看到廁所,我會比看到極光更高興!」

下面列出了我在冰島環島三次記錄下來的 50 個公眾廁所,並將這些廁所的 GPS、位置、收費方式等列出,不包含餐廳、旅館內的廁所(去餐廳旅館當然有廁所),而是以遊客中心、公眾設施和加油站附設商店等可供大眾以免費或是付費方式上廁所的地點為主。這些資訊希望能解救大家的膀胱,讓大家不要跟我去年一樣,讓愉快的冰島環島之旅變成一趟環島憋尿之旅。

除了表格以外,我將所有的廁所位置標在地圖上,掃描 QR code 打開地圖,就可以知道離你最近的廁所是哪一個,直接導航過去吧!

編號	區域	地點	GPS	備註
1	西南區	Keflavík	N63°59'45.8" W22°37'27.8"	凱夫拉維克國際機場機場內,免費。
2		藍湖溫泉	N63°59'45.8" W22°37'27.8"	藍湖溫泉內,免費。
3	大雷克雅維克區	Harpa Concert Hall and Conference Centre	N64°09'01.7" W21°55'58.3"	Harpa 音樂廳的免費廁所,廁所在地下室,免費。
4		好市多 Costco	N64°04'27.0" W21°54'43.3"	好市多的廁所,免費。
5		Álafoss	N64°09'59.4" W21°40'35.3"	在羊毛名店 Álafoss 店內,免費。
6	南部區	N1 Kirkjubæjarklaustur	N63°47'38.1" W18°02'23.7"	教堂城 N1 加油站附設商店/餐廳內,免費。
7		Fjaðrárgljúfur 峽谷	N63°46'16.6" W18°10'18.5"	羽毛峽谷步道入口處,免費(冬季關閉)。
8		Kjarval	N63°25'02.9" W18°59'59.8"	維克鎮外大型超市 Kjarval 內,免費。
9		Halldorskaffi	N 63°25'03.3" W19°00'49.2"	維克鎮內的資訊中心內,免費。
10		黑沙灘餐廳	N63°24'15.9" W19°02'39.4"	黑沙灘餐廳內,免費。
11		Skógar Campsite	N63°31'40.6" W19°30'45.6"	史可加瀑布停車場旁,收費。
12		Seljalandsfoss Parking	N63°36'57.6" W19°59'33.9"	塞里雅蘭瀑布停車場旁,免費。
13		LAVA Centre	N63°45'11.4" W20°14'09.5"	火山中心 LAVA Centre 內,免費。

14		Bónus	N63°59'43.9" W21°11'23.2"	Bónus 建築物內，免費。
15		Secret Lagoon Hot Spring	N64°08'15.9" W20°18'34.8"	祕密溫泉建物內，免費。
16		Gullfosskaffi Ehf	N64°19'31.5" W20°07'44.9"	古佛斯瀑布 Gullfosskaf 停車場旁，廁所有兩個地方獨立的廁所收費、餐廳內的免費。
17		Geysir Center	N64°18'34.3" W20°18'06.8"	蓋錫爾間歇泉遊客中心內，免費。
18		Hakið Visitor Center	N64°15'21.4" W21°07'51.6"	辛格韋德利國家公園停車場旁的廁所，以「可以刷卡付費」聞名，本身也算是一個觀光景點 XD，收費。
19	東部區	Vatnajokull National Park 斯卡夫塔山／瓦特納冰川國家公園（入口）	N64°00'59.8" W16°58'00.1"	免費。
20		Frost Restaurant	N64°00'57.1" W16°21'56.6"	Fjallsárlón 千年冰河湖旁新蓋的餐廳，沒進去過不清楚廁所是否收費。
21		Jökulsárlón Glacier Lagoon Boat Tours and Cafe	N64°02'54.2" W16°10'46.0"	傑古沙龍冰河湖旁的紀念品店／咖啡廳，免費。
22		The Thórbergur Center	N64°07'46.9" W16°01'07.2"	冰川健行／藍冰洞 Tour 集合點內，這裡也是旅館的接待處和一座博物館，免費。
23		Gamlabúð Visitor Center / Vatnajökull National Park	N64°15'01.5" W15°12'13.9"	赫本的遊客中心，免費。
24		Information centre East Iceland	N65°15'41.6" W14°24'21.9"	埃伊爾斯塔濟 Egilsstaðir 的資訊中心內，免費。
25		Langabúð	N64°39'27.1" W14°16'59.5"	神山小鎮「都皮沃古爾」（Djúpivogur）港邊的 Langabúð 附近，在角落有點難找，免費。
26		Hengifoss	N65°04'24.3" W14°52'50.2"	Hengifoss 瀑布入口處停車場旁，免費。
27	東北區	黛堤瀑布東側停車場	N65°49'09.0" W16°22'47.3"	免費（冬季可能閉鎖）。
28		黛堤瀑布西側停車場	N 65°48'47.7" W 16°24'05.5"	免費（冬季可能閉鎖）。
29		米湖溫泉	N65°37'51.2" W16°50'52.7"	米湖溫泉內，免費。
30		Samkaup Strax	N65°38'30.7" W16°54'39.6"	Samkaup Strax 超市旁，免費。
31		Kaffi Borgir	N65°35'30.4" W16°54'40.0"	黑色城堡入口遊客中心，餐廳 Kaffi Borgir。

32		Godafoss Café-Bistrot-Gift Shop	N65°41'08.9" W17°32'21.5"	上帝瀑布附近加油站旁的遊客中心內，免費。
33		Leirunesti	N65°40'10.1" W18°04'51.0"	N1 加油站附設餐廳「Leirunesti」店內，供顧客使用，免費。
34		Penninn Eymundsson	N65°40'51.7" W18°05'22.7"	連鎖書店 Penninn Eymundsson 店內，供顧客使用，免費。
35		Hof Cultural and Conference Center	N65°41'00.3" W18°05'13.7"	冰島北部大城阿克雷里的遊客中心內，免費。
36		Olís Siglufjörður	N66°08'58.4" W18°54'10.4"	Siglufjörður 小鎮的 Olís 加油站附設商店內，提供顧客使用。
37		N1 Blönduós	N65°39'36.7" W20°16'33.1"	鯨魚教堂旁的 N1 加油站附設商店內，免費。
38	西北區	N1 - Staðarskáli	N65°08'40.7" W21°05'05.5"	N1 附設商店的廁所，免費。
39		Icelandic Seal Center	N65°23'43.3" W20°56'50.9"	海豹中心，免費。
40		Vínbúðin	N65°42'03.6" W21°41'08.4"	在西峽灣入口小鎮「Hólmavík,」加油站附設商店「Vínbúðin」店內，免費。
41		Hraunfossar Restaurant	N64°42'04.7" W20°58'37.9"	在熔岩瀑布餐廳旁，收費。
42		Hönnubúð	N64°39'46.0" W21°16'58.7"	加油站附設的小型超市「N1 Reykholt」，提供顧客使用，收費。
43		Glanni Waterfall Car Park	N64°45'21.0" W21°32'55.9"	Glanni Waterfall（瀑布）停車場內，免費（冬季閉鎖）。
44		Baulan	N64°40'30.1" W21°39'52.4"	1 號公路和 50 號公路交匯處加油站的附設超市旁，收費。
45	西峽灣區	N1	N64°50'37.0" W22°39'13.1"	斯奈山半島 54 號公路旁的 N1 加油站旁，收費。
46		Gestastofa Visitor Center	N64°43'49.6" W23°48'10.7"	斯奈山半島南岸「怪物海岸」附近 Gestastofa 遊客中心附設的廁所，免費。
47		Djúpalónssandur beach Parking	N64°45'13.3" W23°53'42.0"	斯奈山半島的黑沙灘「Djúpalónssandur beach」停車場的廁所，免費（冬季閉鎖）。
48		Saga Centre	N64°55'28.9" W23°15'37.9"	教堂山附近小鎮「Grundarfjörður」的遊客中心，免費。
49		Samkaup	N 64°55'31.3" W23°15'36.5"	Samkaup 內，付費。
50		Hafnargata	N65°04'40.0" W22°43'37.8"	Stykkishólmur 小鎮的公共廁所，在港口邊白日夢冒險王中「靴子酒吧」拍攝地點前面，免費。

嬉生活132

卡瓦納X冰島

作　　者　卡瓦納

主　　編　吳珮旻

內頁編排　黃馨儀

封面設計　白色森林工作室

地圖繪製　彭立瑋

企　　畫　鍾惠鈞

發 行 人　朱凱蕾

出　　版　英屬維京群島商高寶國際有限公司台灣分公司

　　　　　Global Group Holdings, Ltd.

地　　址　台北市內湖區洲子街88號3樓

網　　址　gobooks.com.tw

電　　話　（02）27992788

電子信箱　readers@gobooks.com.tw（讀者服務部）

　　　　　pr@gobooks.com.tw（公關諮詢部）

傳　　真　出版部（02）27990909

　　　　　行銷部（02）27993088

郵政劃撥　19394552

戶　　名　英屬維京群島商高寶國際有限公司台灣分公司

發　　行　希代多媒體書版股份有限公司/ Printed in Taiwan

初版日期　2018 年 8 月

二版日期　2019 年 1 月

＊本書資訊更新至2018年7月10日，正確資訊請至各景點、餐廳官網查詢。

卡瓦納X冰島 / 卡瓦納著.-初版.-- 臺北市：高寶國
際出版：高寶國際發行, 2018.08
　　　面；　　公分.--（嬉生活CI 132）
ISBN 978-986-361-563-7(平裝)

1.旅遊　2.冰島

747.79　　　　　　　　　　107010506

國家圖書館出版品預行編目(CIP)資料